NORUEGUÊS
VOCABULÁRIO

PALAVRAS MAIS ÚTEIS

PORTUGUÊS
NORUEGUÊS

Para alargar o seu léxico e apurar
as suas competências linguísticas

5000 palavras

Vocabulário Português-Norueguês - 5000 palavras
Por Andrey Taranov

Os vocabulários da T&P Books destinam-se a ajudar a aprender, a memorizar, e a rever palavras estrangeiras. O dicionário é dividido em temas, cobrindo todas as principais esferas de atividades quotidianas, negócios, ciência, cultura, etc.

O processo de aprendizagem, utilizando os dicionários baseados em temáticas da T&P Books dá-lhe as seguintes vantagens:

- Informação de origem corretamente agrupada predetermina o sucesso em fases subsequentes da memorização de palavras
- Disponibilização de palavras derivadas da mesma raiz, o que permite a memorização de unidades de texto (em vez de palavras separadas)
- Pequenas unidades de palavras facilitam o processo de estabelecimento de vínculos associativos necessários para a consolidação do vocabulário
- O nível de conhecimento da língua pode ser estimado pelo número de palavras aprendidas

Copyright © 2019 T&P Books Publishing

Todos os direitos reservados. Nenhuma parte desta publicação pode ser reproduzida, total ou parcialmente, por quaisquer métodos ou processos, sejam eles eletrónicos, mecânicos, de fotocópia ou outros, sem a autorização escrita do editor. Esta publicação não pode ser divulgada, copiada ou distribuída em nenhum formato.

T&P Books Publishing
www.tpbooks.com

ISBN: 978-1-78492-033-3

Este livro também está disponível em formato E-book.
Por favor visite www.tpbooks.com ou as principais livrarias on-line.

VOCABULÁRIO NORUEGUÊS
palavras mais úteis

Os vocabulários da T&P Books destinam-se a ajudar a aprender, a memorizar, e a rever palavras estrangeiras. O vocabulário contém mais de 5000 palavras de uso comum organizadas tematicamente.

O vocabulário contém as palavras mais comummente usadas
Recomendado como adicional para qualquer curso de línguas
Satisfaz as necessidades dos iniciados e dos alunos avançados de línguas estrangeiras
Conveniente para o uso diário, sessões de revisão e atividades de auto-teste
Permite avaliar o seu vocabulário

Características especias do vocabulário

- As palavras estão organizadas de acordo com o seu significado, e não por ordem alfabética
- As palavras são apresentadas em três colunas para facilitar os processos de revisão e auto-teste
- As palavras compostas são divididas em pequenos blocos para facilitar o processo de aprendizagem
- O vocabulário oferece uma transcrição simples e adequada de cada palavra estrangeira

O vocabulário contém 155 tópicos incluindo:

Conceitos básicos, Números, Cores, Meses, Estações do ano, Unidades de medida, Roupas & Acessórios, Alimentos & Nutrição, Restaurante, Membros da Família, Parentes, Caráter, Sentimentos, Emoções, Doenças, Cidade, Passeios, Compras, Dinheiro, Casa, Lar, Escritório, Trabalho no Escritório, Importação & Exportação, Marketing, Pesquisa de Emprego, Desportos, Educação, Computador, Internet, Ferramentas, Natureza, Países, Nacionalidades e muito mais ...

T&P Books. Vocabulário Português-Norueguês - 5000 palavras

TABELA DE CONTEÚDOS

Guia de pronunciação	9
Abreviaturas	11
CONCEITOS BÁSICOS	**13**
Conceitos básicos. Parte 1	13
1. Pronomes	13
2. Cumprimentos. Saudações. Despedidas	13
3. Como se dirigir a alguém	14
4. Números cardinais. Parte 1	14
5. Números cardinais. Parte 2	15
6. Números ordinais	16
7. Números. Frações	16
8. Números. Operações básicas	16
9. Números. Diversos	16
10. Os verbos mais importantes. Parte 1	17
11. Os verbos mais importantes. Parte 2	18
12. Os verbos mais importantes. Parte 3	19
13. Os verbos mais importantes. Parte 4	20
14. Cores	21
15. Questões	21
16. Preposições	22
17. Palavras funcionais. Advérbios. Parte 1	22
18. Palavras funcionais. Advérbios. Parte 2	24
Conceitos básicos. Parte 2	**26**
19. Dias da semana	26
20. Horas. Dia e noite	26
21. Meses. Estações	27
22. Unidades de medida	29
23. Recipientes	30
O SER HUMANO	**31**
O ser humano. O corpo	31
24. Cabeça	31
25. Corpo humano	32
Vestuário & Acessórios	**33**
26. Roupa exterior. Casacos	33
27. Vestuário de homem & mulher	33

4

28. Vestuário. Roupa interior	34
29. Adereços de cabeça	34
30. Calçado	34
31. Acessórios pessoais	35
32. Vestuário. Diversos	35
33. Cuidados pessoais. Cosméticos	36
34. Relógios de pulso. Relógios	37

Alimentação. Nutrição 38

35. Comida	38
36. Bebidas	39
37. Vegetais	40
38. Frutos. Nozes	41
39. Pão. Bolaria	42
40. Pratos cozinhados	42
41. Especiarias	43
42. Refeições	44
43. Por a mesa	45
44. Restaurante	45

Família, parentes e amigos 46

45. Informação pessoal. Formulários	46
46. Membros da família. Parentes	46

Medicina 48

47. Doenças	48
48. Sintomas. Tratamentos. Parte 1	49
49. Sintomas. Tratamentos. Parte 2	50
50. Sintomas. Tratamentos. Parte 3	51
51. Médicos	52
52. Medicina. Drogas. Acessórios	52

HABITAT HUMANO 54
Cidade 54

53. Cidade. Vida na cidade	54
54. Instituições urbanas	55
55. Sinais	56
56. Transportes urbanos	57
57. Turismo	58
58. Compras	59
59. Dinheiro	60
60. Correios. Serviço postal	61

Moradia. Casa. Lar 62

61. Casa. Eletricidade	62

62. Moradia. Mansão	62
63. Apartamento	62
64. Mobiliário. Interior	63
65. Quarto de dormir	64
66. Cozinha	64
67. Casa de banho	65
68. Eletrodomésticos	66

ATIVIDADES HUMANAS 67
Emprego. Negócios. Parte 1 67

69. Escritório. O trabalho no escritório	67
70. Processos negociais. Parte 1	68
71. Processos negociais. Parte 2	69
72. Produção. Trabalhos	70
73. Contrato. Acordo	71
74. Importação & Exportação	72
75. Finanças	72
76. Marketing	73
77. Publicidade	74
78. Banca	74
79. Telefone. Conversação telefónica	75
80. Telefone móvel	76
81. Estacionário	76
82. Tipos de negócios	77

Emprego. Negócios. Parte 2 79

83. Espetáculo. Feira	79
84. Ciência. Investigação. Cientistas	80

Profissões e ocupações 82

85. Procura de emprego. Demissão	82
86. Gente de negócios	82
87. Profissões de serviços	83
88. Profissões militares e postos	84
89. Oficiais. Padres	85
90. Profissões agrícolas	85
91. Profissões artísticas	86
92. Várias profissões	86
93. Ocupações. Estatuto social	88

Educação 89

94. Escola	89
95. Colégio. Universidade	90
96. Ciências. Disciplinas	91
97. Sistema de escrita. Ortografia	91
98. Línguas estrangeiras	92

Descanso. Entretenimento. Viagens	94
99. Viagens	94
100. Hotel	94

EQUIPAMENTO TÉCNICO. TRANSPORTES	96
Equipamento técnico. Transportes	96
101. Computador	96
102. Internet. E-mail	97
103. Eletricidade	98
104. Ferramentas	98

Transportes	101
105. Avião	101
106. Comboio	102
107. Barco	103
108. Aeroporto	104

Eventos	106
109. Férias. Evento	106
110. Funerais. Enterro	107
111. Guerra. Soldados	107
112. Guerra. Ações militares. Parte 1	108
113. Guerra. Ações militares. Parte 2	110
114. Armas	111
115. Povos da antiguidade	113
116. Idade média	113
117. Líder. Chefe. Autoridades	115
118. Viloação da lei. Criminosos. Parte 1	116
119. Viloação da lei. Criminosos. Parte 2	117
120. Polícia. Lei. Parte 1	118
121. Polícia. Lei. Parte 2	119

NATUREZA	121
A Terra. Parte 1	121
122. Espaço sideral	121
123. A Terra	122
124. Pontos cardeais	123
125. Mar. Oceano	123
126. Nomes de Mares e Oceanos	124
127. Montanhas	125
128. Nomes de montanhas	126
129. Rios	126
130. Nomes de rios	127
131. Floresta	127
132. Recursos naturais	128

A Terra. Parte 2	130
133. Tempo	130
134. Tempo extremo. Catástrofes naturais	131

Fauna	132
135. Mamíferos. Predadores	132
136. Animais selvagens	132
137. Animais domésticos	133
138. Pássaros	134
139. Peixes. Animais marinhos	136
140. Amfíbios. Répteis	136
141. Insetos	137

Flora	138
142. Árvores	138
143. Arbustos	138
144. Frutos. Bagas	139
145. Flores. Plantas	140
146. Cereais, grãos	141

PAÍSES. NACIONALIDADES	142
147. Europa Ocidental	142
148. Europa Central e de Leste	142
149. Países da ex-URSS	143
150. Asia	143
151. América do Norte	144
152. América Central do Sul	144
153. Africa	145
154. Austrália. Oceania	145
155. Cidades	145

GUIA DE PRONUNCIAÇÃO

Letra	Exemplo Norueguês	Alfabeto fonético T&P	Exemplo Português
Aa	plass	[ɑ], [ɑ:]	amar
Bb	bøtte, albue	[b]	barril
Cc [1]	centimeter	[s]	sanita
Cc [2]	Canada	[k]	kiwi
Dd	radius	[d]	dentista
Ee	rett	[e:]	plateia
Ee [3]	begå	[ɛ]	mesquita
Ff	fattig	[f]	safári
Gg [4]	golf	[g]	gosto
Gg [5]	gyllen	[j]	géiser
Gg [6]	regnbue	[ŋ]	alcançar
Hh	hektar	[h]	[h] suave
Ii	kilometer	[ɪ], [i]	sinónimo
Kk	konge	[k]	kiwi
Kk [7]	kirke	[h]	[h] suave
Jj	fjerde	[j]	géiser
kj	bikkje	[h]	[h] suave
Ll	halvår	[l]	libra
Mm	middag	[m]	magnólia
Nn	november	[n]	natureza
ng	id_langt	[ŋ]	alcançar
Oo [8]	honning	[ɔ]	emboço
Oo [9]	fot, krone	[u]	bonita
Pp	plomme	[p]	presente
Qq	sequoia	[k]	kiwi
Rr	sverge	[r]	riscar
Ss	appelsin	[s]	sanita
sk [10]	skikk, skyte	[ʃ]	mês
Tt	stør, torsk	[t]	tulipa
Uu	brudd	[y]	questionar
Vv	kraftverk	[v]	fava
Ww	webside	[v]	fava
Xx	mexicaner	[ks]	perplexo
Yy	nytte	[ɪ], [i]	sinónimo
Zz [11]	New Zealand	[s]	spitz alemão
Ææ	vær, stær	[æ]	semana
Øø	ørn, gjø	[ø]	orgulhoso
Åå	gås, værhår	[o:]	albatroz

Comentários

[1] antes de **e, i**
[2] noutras situações
[3] não acentuado
[4] antes de **a, o, u, å**
[5] antes de **i** e **y**
[6] em combinação **gn**
[7] antes de **i** e **y**
[8] antes de duas consoantes
[9] antes de uma consoante
[10] antes de **i** e **y**
[11] apenas em estrangeirismos

ABREVIATURAS
usadas no vocabulário

Abreviaturas do Português

adj	-	adjetivo
adv	-	advérbio
anim.	-	animado
conj.	-	conjunção
desp.	-	desporto
etc.	-	etecetra
ex.	-	por exemplo
f	-	nome feminino
f pl	-	feminino plural
fem.	-	feminino
inanim.	-	inanimado
m	-	nome masculino
m pl	-	masculino plural
m, f	-	masculino, feminino
masc.	-	masculino
mat.	-	matemática
mil.	-	militar
pl	-	plural
prep.	-	preposição
pron.	-	pronome
sb.	-	sobre
sing.	-	singular
v aux	-	verbo auxiliar
vi	-	verbo intransitivo
vi, vt	-	verbo intransitivo, transitivo
vr	-	verbo reflexivo
vt	-	verbo transitivo

Abreviaturas do Norueguês

f	-	nome feminino
f pl	-	feminino plural
m	-	nome masculino
m pl	-	masculino plural
m/f	-	masculino, neutro
m/f pl	-	masculino/feminino plural
m/f/n	-	masculino/feminino/neutro
m/n	-	masculino, feminino

n	-	neutro
n pl	-	neutro plural
pl	-	plural

CONCEITOS BÁSICOS

Conceitos básicos. Parte 1

1. Pronomes

eu	jeg	['jæj]
tu	du	[dʉ]
ele	han	['hɑn]
ela	hun	['hʉn]
ele, ela (neutro)	det, den	['de], ['den]
nós	vi	['vi]
vocês	dere	['derə]
eles, elas	de	['de]

2. Cumprimentos. Saudações. Despedidas

Olá!	Hei!	['hæj]
Bom dia! (formal)	Hallo! God dag!	[hɑ'lʊ], [gʊ 'dɑ]
Bom dia! (de manhã)	God morn!	[gʊ 'mɔːŋ]
Boa tarde!	God dag!	[gʊ'dɑ]
Boa noite!	God kveld!	[gʊ 'kvɛl]
cumprimentar (vt)	å hilse	[ɔ 'hilsə]
Olá!	Hei!	['hæj]
saudação (f)	hilsen (m)	['hilsən]
saudar (vt)	å hilse	[ɔ 'hilsə]
Como vai?	Hvordan står det til?	['vʊːdɑn stoːr de til]
Como vais?	Hvordan går det?	['vʊːdɑn gor de]
O que há de novo?	Hva nytt?	[vɑ 'nʏt]
Adeus! (formal)	Ha det bra!	[hɑ de 'brɑ]
Até à vista! (informal)	Ha det!	[hɑ 'de]
Até breve!	Vi ses!	[vi sɛs]
Adeus!	Farvel!	[fɑr'vɛl]
despedir-se (vr)	å si farvel	[ɔ 'si fɑr'vɛl]
Até logo!	Ha det!	[hɑ 'de]
Obrigado! -a!	Takk!	['tɑk]
Muito obrigado! -a!	Tusen takk!	['tʉsən tɑk]
De nada	Bare hyggelig	['bɑrə 'hʏgeli]
Não tem de quê	Ikke noe å takke for!	['ikə 'nʉe ɔ 'tɑke fɔr]
De nada	Ingen årsak!	['iŋən 'oːʂɑk]
Desculpa!	Unnskyld, ...	['ʉnˌsyl ...]
Desculpe!	Unnskyld meg, ...	['ʉnˌsyl me ...]

desculpar (vt)	å unnskylde	[ɔ 'ʉnˌsylə]
desculpar-se (vr)	å unnskylde seg	[ɔ 'ʉnˌsylə sæj]
As minhas desculpas	Jeg ber om unnskyldning	[jæj ber ɔm 'ʉnˌsyldniŋ]
Desculpe!	Unnskyld!	['ʉnˌsyl]
perdoar (vt)	å tilgi	[ɔ 'tilˌji]
Não faz mal	Ikke noe problem	['ikə 'nʉe prʉ'blem]
por favor	vær så snill	['vær ʂɔ 'snil]
Não se esqueça!	Ikke glem!	['ikə 'glem]
Certamente! Claro!	Selvfølgelig!	[sɛl'følgəli]
Claro que não!	Selvfølgelig ikke!	[sɛl'følgəli 'ikə]
Está bem! De acordo!	OK! Enig!	[ɔ'kɛj], ['ɛni]
Basta!	Det er nok!	[de ær 'nɔk]

3. Como se dirigir a alguém

Desculpe (para chamar a atenção)	Unnskyld, ...	['ʉnˌsyl ...]
senhor	Herr	['hær]
senhora	Fru	['frʉ]
rapariga	Frøken	['frøkən]
rapaz	unge mann	['ʉŋə ˌman]
menino	guttunge	['gʉtˌʉŋə]
menina	frøken	['frøkən]

4. Números cardinais. Parte 1

zero	null	['nʉl]
um	en	['en]
dois	to	['tʊ]
três	tre	['tre]
quatro	fire	['fire]
cinco	fem	['fɛm]
seis	seks	['sɛks]
sete	sju	['ʂʉ]
oito	åtte	['ɔtə]
nove	ni	['ni]
dez	ti	['ti]
onze	elleve	['ɛlvə]
doze	tolv	['tɔl]
treze	tretten	['trɛtən]
catorze	fjorten	['fjɔːtən]
quinze	femten	['fɛmtən]
dezasseis	seksten	['sæjstən]
dezassete	sytten	['sʏtən]
dezoito	atten	['atən]
dezanove	nitten	['nitən]
vinte	tjue	['çʉe]
vinte e um	tjueen	['çʉe en]

vinte e dois	tjueto	['çʉe tʉ]
vinte e três	tjuetre	['çʉe tre]
trinta	tretti	['trɛti]
trinta e um	trettien	['trɛti en]
trinta e dois	trettito	['trɛti tʉ]
trinta e três	trettitre	['trɛti tre]
quarenta	førti	['fœːʈi]
quarenta e um	førtien	['fœːʈi en]
quarenta e dois	førtito	['fœːʈi tʉ]
quarenta e três	førtitre	['fœːʈi tre]
cinquenta	femti	['fɛmti]
cinquenta e um	femtien	['fɛmti en]
cinquenta e dois	femtito	['fɛmti tʉ]
cinquenta e três	femtitre	['fɛmti tre]
sessenta	seksti	['sɛksti]
sessenta e um	sekstien	['sɛksti en]
sessenta e dois	sekstito	['sɛksti tʉ]
sessenta e três	sekstitre	['sɛksti tre]
setenta	sytti	['sʏti]
setenta e um	syttien	['sʏti en]
setenta e dois	syttito	['sʏti tʉ]
setenta e três	syttitre	['sʏti tre]
oitenta	åtti	['ɔti]
oitenta e um	åttien	['ɔti en]
oitenta e dois	åttito	['ɔti tʉ]
oitenta e três	åttitre	['ɔti tre]
noventa	nitti	['niti]
noventa e um	nittien	['niti en]
noventa e dois	nittito	['niti tʉ]
noventa e três	nittitre	['niti tre]

5. Números cardinais. Parte 2

cem	hundre	['hʉndrə]
duzentos	to hundre	['tʉ ˌhʉndrə]
trezentos	tre hundre	['tre ˌhʉndrə]
quatrocentos	fire hundre	['fire ˌhʉndrə]
quinhentos	fem hundre	['fɛm ˌhʉndrə]
seiscentos	seks hundre	['sɛks ˌhʉndrə]
setecentos	syv hundre	['sʏv ˌhʉndrə]
oitocentos	åtte hundre	['ɔtə ˌhʉndrə]
novecentos	ni hundre	['ni ˌhʉndrə]
mil	tusen	['tʉsən]
dois mil	to tusen	['tʉ ˌtʉsən]
De quem são ...?	tre tusen	['tre ˌtʉsən]

dez mil	ti tusen	['ti ˌtʉsən]
cem mil	hundre tusen	['hʉndrə ˌtʉsən]
um milhão	million (m)	[mi'ljun]
mil milhões	milliard (m)	[mi'lja:d]

6. Números ordinais

primeiro	første	['fœʂtə]
segundo	annen	['anən]
terceiro	tredje	['trɛdjə]
quarto	fjerde	['fjærə]
quinto	femte	['fɛmtə]
sexto	sjette	['ʂɛtə]
sétimo	sjuende	['ʂʉenə]
oitavo	åttende	['ɔtenə]
nono	niende	['nienə]
décimo	tiende	['tienə]

7. Números. Frações

fração (f)	brøk (m)	['brøk]
um meio	en halv	[en 'hɑl]
um terço	en tredjedel	[en 'trɛdjəˌdel]
um quarto	en fjerdedel	[en 'fjærəˌdel]
um oitavo	en åttendedel	[en 'ɔtenəˌdel]
um décimo	en tiendedel	[en 'tienəˌdel]
dois terços	to tredjedeler	['tʉ 'trɛdjəˌdelər]
três quartos	tre fjerdedeler	['tre 'fjærˌdelər]

8. Números. Operações básicas

subtração (f)	subtraksjon (m)	[sʉbtrɑk'ʂʉn]
subtrair (vi, vt)	å subtrahere	[ɔ 'sʉbtrɑˌherə]
divisão (f)	divisjon (m)	[divi'ʂʉn]
dividir (vt)	å dividere	[ɔ divi'derə]
adição (f)	addisjon (m)	[adi'ʂʉn]
somar (vt)	å addere	[ɔ a'derə]
adicionar (vt)	å addere	[ɔ a'derə]
multiplicação (f)	multiplikasjon (m)	[mʉltiplikɑ'ʂʉn]
multiplicar (vt)	å multiplisere	[ɔ mʉltipli'serə]

9. Números. Diversos

algarismo, dígito (m)	siffer (n)	['sifər]
número (m)	tall (n)	['tɑl]

numeral (m)	tallord (n)	['tɑlˌuːr]
menos (m)	minus (n)	['minʉs]
mais (m)	pluss (n)	['plʉs]
fórmula (f)	formel (m)	['fɔrməl]
cálculo (m)	beregning (m/f)	[be'rɛjniŋ]
contar (vt)	å telle	[ɔ 'tɛlə]
calcular (vt)	å telle opp	[ɔ 'tɛlə ɔp]
comparar (vt)	å sammenlikne	[ɔ 'sɑmənˌliknə]
Quanto?	Hvor mye?	[vʉr 'mye]
Quantos? -as?	Hvor mange?	[vʉr 'mɑŋə]
soma (f)	sum (m)	['sʉm]
resultado (m)	resultat (n)	[resʉl'tɑt]
resto (m)	rest (m)	['rɛst]
alguns, algumas …	noen	['nʉən]
poucos, -as (~ pessoas)	få, ikke mange	['fɔ], ['ikə ˌmɑŋə]
um pouco (~ de vinho)	lite	['litə]
resto (m)	rest (m)	['rɛst]
um e meio	halvannen	[hɑl'ɑnən]
dúzia (f)	dusin (n)	[dʉ'sin]
ao meio	i 2 halvdeler	[i tʉ hɑl'delər]
em partes iguais	jevnt	['jɛvnt]
metade (f)	halvdel (m)	['hɑldel]
vez (f)	gang (m)	['gɑŋ]

10. Os verbos mais importantes. Parte 1

abrir (vt)	å åpne	[ɔ 'ɔpnə]
acabar, terminar (vt)	å slutte	[ɔ 'ʂlʉtə]
aconselhar (vt)	å råde	[ɔ 'roːdə]
adivinhar (vt)	å gjette	[ɔ 'jɛtə]
advertir (vt)	å varsle	[ɔ 'vɑʂlə]
ajudar (vt)	å hjelpe	[ɔ 'jɛlpə]
almoçar (vi)	å spise lunsj	[ɔ 'spisə ˌlʉnʂ]
alugar (~ um apartamento)	å leie	[ɔ 'læjə]
amar (vt)	å elske	[ɔ 'ɛlskə]
ameaçar (vt)	å true	[ɔ 'trʉə]
anotar (escrever)	å skrive ned	[ɔ 'skrivə ne]
apanhar (vt)	å fange	[ɔ 'fɑŋə]
apressar-se (vr)	å skynde seg	[ɔ 'ʂynə sæj]
arrepender-se (vr)	å beklage	[ɔ be'klɑgə]
assinar (vt)	å underskrive	[ɔ 'ʉnəˌskrivə]
atirar, disparar (vi)	å skyte	[ɔ 'ʂytə]
brincar (vi)	å spøke	[ɔ 'spøkə]
brincar, jogar (crianças)	å leke	[ɔ 'lekə]
buscar (vt)	å søke …	[ɔ 'søkə …]
caçar (vi)	å jage	[ɔ 'jɑgə]

cair (vi)	å falle	[ɔ 'falə]
cavar (vt)	å grave	[ɔ 'gravə]
cessar (vt)	å slutte	[ɔ 'slʉtə]
chamar (~ por socorro)	å tilkalle	[ɔ 'til‚kalə]
chegar (vi)	å ankomme	[ɔ 'an‚kɔmə]
chorar (vi)	å gråte	[ɔ 'groːtə]
começar (vt)	å begynne	[ɔ be'jinə]
comparar (vt)	å sammenlikne	[ɔ 'samən‚liknə]
compreender (vt)	å forstå	[ɔ fɔ'ʂtɔ]
concordar (vi)	å samtykke	[ɔ 'sam‚tʏkə]
confiar (vt)	å stole på	[ɔ 'stʉlə pɔ]
confundir (equivocar-se)	å forveksle	[ɔ fɔr'vɛkʂlə]
conhecer (vt)	å kjenne	[ɔ 'çɛnə]
contar (fazer contas)	å telle	[ɔ 'tɛlə]
contar com (esperar)	å regne med ...	[ɔ 'rɛjnə me ...]
continuar (vt)	å fortsette	[ɔ 'fɔrt‚ʂɛtə]
controlar (vt)	å kontrollere	[ɔ kʉntrɔ'lerə]
convidar (vt)	å innby, å invitere	[ɔ 'inby], [ɔ invi'terə]
correr (vi)	å løpe	[ɔ 'løpə]
criar (vt)	å opprette	[ɔ 'ɔp‚rɛtə]
custar (vt)	å koste	[ɔ 'kɔstə]

11. Os verbos mais importantes. Parte 2

dar (vt)	å gi	[ɔ 'ji]
dar uma dica	å gi et vink	[ɔ 'ji et 'vink]
decorar (enfeitar)	å pryde	[ɔ 'prydə]
defender (vt)	å forsvare	[ɔ fɔ'ʂvarə]
deixar cair (vt)	å tappe	[ɔ 'tapə]
descer (para baixo)	å gå ned	[ɔ 'gɔ ne]
desculpar (vt)	å unnskylde	[ɔ 'ʉn‚sylə]
desculpar-se (vr)	å unnskylde seg	[ɔ 'ʉn‚sylə sæj]
dirigir (~ uma empresa)	å styre, å lede	[ɔ 'styrə], [ɔ 'ledə]
discutir (notícias, etc.)	å diskutere	[ɔ diskʉ'terə]
dizer (vt)	å si	[ɔ 'si]
duvidar (vt)	å tvile	[ɔ 'tvilə]
enganar (vt)	å fuske	[ɔ 'fʉskə]
entrar (na sala, etc.)	å komme inn	[ɔ 'kɔmə in]
enviar (uma carta)	å sende	[ɔ 'sɛnə]
errar (equivocar-se)	å gjøre feil	[ɔ 'jørə ‚fæjl]
escolher (vt)	å velge	[ɔ 'vɛlgə]
esconder (vt)	å gjemme	[ɔ 'jɛmə]
escrever (vt)	å skrive	[ɔ 'skrivə]
esperar (o autocarro, etc.)	å vente	[ɔ 'vɛntə]
esperar (ter esperança)	å håpe	[ɔ 'hoːpə]
esquecer (vt)	å glemme	[ɔ 'glemə]
estudar (vt)	å studere	[ɔ stʉ'derə]
exigir (vt)	å kreve	[ɔ 'krevə]

existir (vi)	å eksistere	[ɔ ɛksi'sterə]
explicar (vt)	å forklare	[ɔ fɔr'klarə]
falar (vi)	å tale	[ɔ 'talə]
faltar (clases, etc.)	å skulke	[ɔ 'skʉlkə]
fazer (vt)	å gjøre	[ɔ 'jørə]
ficar em silêncio	å tie	[ɔ 'tie]
gabar-se, jactar-se (vr)	å prale	[ɔ 'pralə]
gostar (apreciar)	å like	[ɔ 'likə]
gritar (vi)	å skrike	[ɔ 'skrikə]
guardar (cartas, etc.)	å beholde	[ɔ be'hɔlə]
informar (vt)	å informere	[ɔ infɔr'merə]
insistir (vi)	å insistere	[ɔ insi'sterə]
insultar (vt)	å fornærme	[ɔ fɔː'nærmə]
interessar-se (vr)	å interessere seg	[ɔ intərə'serə sæj]
ir (a pé)	å gå	[ɔ 'gɔ]
ir nadar	å bade	[ɔ 'badə]
jantar (vi)	å spise middag	[ɔ 'spisə 'mi‚da]

12. Os verbos mais importantes. Parte 3

ler (vt)	å lese	[ɔ 'lesə]
libertar (cidade, etc.)	å befri	[ɔ be'fri]
matar (vt)	å døde, å myrde	[ɔ 'dødə], [ɔ 'myːdə]
mencionar (vt)	å omtale, å nevne	[ɔ 'ɔm‚talə], [ɔ 'nɛvnə]
mostrar (vt)	å vise	[ɔ 'visə]
mudar (modificar)	å endre	[ɔ 'ɛndrə]
nadar (vi)	å svømme	[ɔ 'svœmə]
negar-se a ...	å vegre seg	[ɔ 'vɛgrə sæj]
objetar (vt)	å innvende	[ɔ 'in‚vɛnə]
observar (vt)	å observere	[ɔ ɔbsɛr'verə]
ordenar (mil.)	å beordre	[ɔ be'ɔrdrə]
ouvir (vt)	å høre	[ɔ 'hørə]
pagar (vt)	å betale	[ɔ be'talə]
parar (vi)	å stoppe	[ɔ 'stɔpə]
participar (vi)	å delta	[ɔ 'dɛlta]
pedir (comida)	å bestille	[ɔ be'stilə]
pedir (um favor, etc.)	å be	[ɔ 'be]
pegar (tomar)	å ta	[ɔ 'ta]
pensar (vt)	å tenke	[ɔ 'tɛnkə]
perceber (ver)	å bemerke	[ɔ be'mærkə]
perdoar (vt)	å tilgi	[ɔ 'til‚ji]
perguntar (vt)	å spørre	[ɔ 'spørə]
permitir (vt)	å tillate	[ɔ 'ti‚latə]
pertencer a ...	å tilhøre ...	[ɔ 'til‚hørə ...]
planear (vt)	å planlegge	[ɔ 'plan‚legə]
poder (vi)	å kunne	[ɔ 'kʉnə]
possuir (vt)	å besidde, å eie	[ɔ bɛ'sidə], [ɔ 'æje]

| preferir (vt) | å foretrekke | [ɔ 'fɔrəˌtrɛkə] |
| preparar (vt) | å lage | [ɔ 'lagə] |

prever (vt)	å forutse	[ɔ 'fɔrʉtˌse]
prometer (vt)	å love	[ɔ 'lɔvə]
pronunciar (vt)	å uttale	[ɔ 'ʉtˌtalə]
propor (vt)	å foreslå	[ɔ 'fɔrəˌslɔ]
punir (castigar)	å straffe	[ɔ 'strafə]

13. Os verbos mais importantes. Parte 4

quebrar (vt)	å bryte	[ɔ 'brytə]
queixar-se (vr)	å klage	[ɔ 'klagə]
querer (desejar)	å ville	[ɔ 'vilə]
recomendar (vt)	å anbefale	[ɔ 'anbeˌfalə]
repetir (dizer outra vez)	å gjenta	[ɔ 'jɛnta]

repreender (vt)	å skjelle	[ɔ 'ʂɛ:lə]
reservar (~ um quarto)	å reservere	[ɔ resɛr'verə]
responder (vt)	å svare	[ɔ 'svarə]
rezar, orar (vi)	å be	[ɔ 'be]
rir (vi)	å le, å skratte	[ɔ 'le], [ɔ 'skratə]

roubar (vt)	å stjele	[ɔ 'stjelə]
saber (vt)	å vite	[ɔ 'vitə]
sair (~ de casa)	å gå ut	[ɔ 'gɔ ʉt]
salvar (vt)	å redde	[ɔ 'rɛdə]
seguir ...	å følge etter ...	[ɔ 'følə 'ɛtər ...]

sentar-se (vr)	å sette seg	[ɔ 'sɛtə sæj]
ser necessário	å være behøv	[ɔ 'værə be'høv]
ser, estar	å være	[ɔ 'værə]
significar (vt)	å bety	[ɔ 'bety]

sorrir (vi)	å smile	[ɔ 'smilə]
subestimar (vt)	å undervurdere	[ɔ 'ʉnərvʉːˌderə]
surpreender-se (vr)	å bli forundret	[ɔ 'bli fɔ'rʉndrət]
tentar (vt)	å prøve	[ɔ 'prøvə]

ter (vt)	å ha	[ɔ 'ha]
ter fome	å være sulten	[ɔ 'værə 'sʉltən]
ter medo	å frykte	[ɔ 'frʏktə]
ter sede	å være tørst	[ɔ 'værə 'tœʂt]

tocar (com as mãos)	å røre	[ɔ 'rørə]
tomar o pequeno-almoço	å spise frokost	[ɔ 'spisə ˌfrukɔst]
trabalhar (vi)	å arbeide	[ɔ 'arˌbæjdə]
traduzir (vt)	å oversette	[ɔ 'ɔvəˌsɛtə]
unir (vt)	å forene	[ɔ fɔ'renə]

vender (vt)	å selge	[ɔ 'sɛlə]
ver (vt)	å se	[ɔ 'se]
virar (ex. ~ à direita)	å svinge	[ɔ 'sviŋə]
voar (vi)	å fly	[ɔ 'fly]

14. Cores

cor (f)	farge (m)	['fɑrgə]
matiz (m)	nyanse (m)	[ny'ɑnsə]
tom (m)	fargetone (m)	['fɑrgə.tʊnə]
arco-íris (m)	regnbue (m)	['ræjn.bʉːə]

branco	hvit	['vit]
preto	svart	['svɑːʈ]
cinzento	grå	['grɔ]

verde	grønn	['grœn]
amarelo	gul	['gʉl]
vermelho	rød	['rø]

azul	blå	['blɔ]
azul claro	lyseblå	['lysə.blɔ]
rosa	rosa	['rɔsɑ]
laranja	oransje	[ɔ'rɑnʂɛ]
violeta	fiolett	[fiʊ'lət]
castanho	brun	['brʉn]

dourado	gullgul	['gʉl]
prateado	sølv-	['søl-]

bege	beige	['bɛːʂ]
creme	kremfarget	['krɛm.fɑrgət]
turquesa	turkis	[tʉr'kis]
vermelho cereja	kirsebærrød	['çiʂəbær.rød]
lilás	lilla	['lilɑ]
carmesim	karminrød	['kɑrmʊ'sin.rød]

claro	lys	['lys]
escuro	mørk	['mœrk]
vivo	klar	['klɑr]

de cor	farge-	['fɑrgə-]
a cores	farge-	['fɑrgə-]
preto e branco	svart-hvit	['svɑːʈ vit]
unicolor	ensfarget	['ɛns.fɑrgət]
multicor	mangefarget	['mɑŋə.fɑrgət]

15. Questões

Quem?	Hvem?	['vɛm]
Que?	Hva?	['vɑ]
Onde?	Hvor?	['vʊr]
Para onde?	Hvorhen?	['vʊrhen]
De onde?	Hvorfra?	['vʊrfrɑ]
Quando?	Når?	[nɔr]
Para quê?	Hvorfor?	['vʊrfʊr]
Porquê?	Hvorfor?	['vʊrfʊr]
Para quê?	Hvorfor?	['vʊrfʊr]

Como?	Hvordan?	[ˈvuːdɑn]
Qual?	Hvilken?	[ˈvilkən]
Qual? (entre dois ou mais)	Hvilken?	[ˈvilkən]

A quem?	Til hvem?	[til ˈvɛm]
Sobre quem?	Om hvem?	[ɔm ˈvɛm]
Do quê?	Om hva?	[ɔm ˈvɑ]
Com quem?	Med hvem?	[me ˈvɛm]

Quantos? -as?	Hvor mange?	[vur ˈmɑŋə]
Quanto?	Hvor mye?	[vur ˈmye]
De quem? (masc.)	Hvis?	[ˈvis]

16. Preposições

com (prep.)	med	[me]
sem (prep.)	uten	[ˈʉtən]
a, para (exprime lugar)	til	[ˈtil]
sobre (ex. falar ~)	om	[ˈɔm]
antes de ...	før	[ˈfør]
diante de ...	foran, framfor	[ˈfɔrɑn], [ˈfrɑmfɔr]

sob (debaixo de)	under	[ˈʉnər]
sobre (em cima de)	over	[ˈɔvər]
sobre (~ a mesa)	på	[ˈpɔ]
de (vir ~ Lisboa)	fra	[ˈfrɑ]
de (feito ~ pedra)	av	[ɑː]

| dentro de (~ dez minutos) | om | [ˈɔm] |
| por cima de ... | over | [ˈɔvər] |

17. Palavras funcionais. Advérbios. Parte 1

Onde?	Hvor?	[ˈvur]
aqui	her	[ˈhɛr]
lá, ali	der	[ˈdɛr]

| em algum lugar | et sted | [et ˈsted] |
| em lugar nenhum | ingensteds | [ˈiŋənˌstɛts] |

| ao pé de ... | ved | [ˈve] |
| ao pé da janela | ved vinduet | [ve ˈvindʉə] |

Para onde?	Hvorhen?	[ˈvurhen]
para cá	hit	[ˈhit]
para lá	dit	[ˈdit]
daqui	herfra	[ˈhɛrˌfrɑ]
de lá, dali	derfra	[ˈdɛrˌfrɑ]

perto	nær	[ˈnær]
longe	langt	[ˈlɑŋt]
perto de ...	nær	[ˈnær]

ao lado de	i nærheten	[i 'nær‚hetən]
perto, não fica longe	ikke langt	['ikə 'laŋt]
esquerdo	venstre	['vɛnstrə]
à esquerda	til venstre	[til 'vɛnstrə]
para esquerda	til venstre	[til 'vɛnstrə]
direito	høyre	['højrə]
à direita	til høyre	[til 'højrə]
para direita	til høyre	[til 'højrə]
à frente	foran	['fɔrɑn]
da frente	fremre	['frɛmrə]
em frente (para a frente)	fram	['frɑm]
atrás de …	bakom	['bakɔm]
por detrás (vir ~)	bakfra	['bak‚fra]
para trás	tilbake	[til'bakə]
meio (m), metade (f)	midt (m)	['mit]
no meio	i midten	[i 'mitən]
de lado	fra siden	[fra 'sidən]
em todo lugar	overalt	[ɔvər'alt]
ao redor (olhar ~)	rundt omkring	['rʉnt ɔm'kriŋ]
de dentro	innefra	['inə‚fra]
para algum lugar	et sted	[et 'sted]
diretamente	rett, direkte	['rɛt], ['di'rɛktə]
de volta	tilbake	[til'bakə]
de algum lugar	et eller annet steds fra	[et 'elər ‚a:nt 'stɛts fra]
de um lugar	et eller annet steds fra	[et 'elər ‚a:nt 'stɛts fra]
em primeiro lugar	for det første	[fɔr de 'fœʂtə]
em segundo lugar	for det annet	[fɔr de 'a:nt]
em terceiro lugar	for det tredje	[fɔr de 'trɛdje]
de repente	plutselig	['plʉtseli]
no início	i begynnelsen	[i be'jinəlsən]
pela primeira vez	for første gang	[fɔr 'fœʂtə ‚gaŋ]
muito antes de …	lenge før …	['leŋə 'før …]
de novo, novamente	på nytt	[pɔ 'nʏt]
para sempre	for godt	[fɔr 'gɔt]
nunca	aldri	['aldri]
de novo	igjen	[i'jɛn]
agora	nå	['nɔ]
frequentemente	ofte	['ɔftə]
então	da	['da]
urgentemente	omgående	['ɔm‚gɔ:nə]
usualmente	vanligvis	['vanli‚vis]
a propósito, …	forresten, …	[fɔ'rɛstən …]
é possível	mulig, kanskje	['mʉli], ['kanʂə]
provavelmente	sannsynligvis	[san'sʏnli‚vis]

talvez	kanskje	['kanʂə]
além disso, ...	dessuten, ...	[des'ʉtən ...]
por isso ...	derfor ...	['dɛrfɔr ...]
apesar de ...	på tross av ...	['pɔ 'trɔs ɑ: ...]
graças a ...	takket være ...	['takət ˌværə ...]

que (pron.)	hva	['vɑ]
que (conj.)	at	[ɑt]
algo	noe	['nʉe]
alguma coisa	noe	['nʉe]
nada	ingenting	['iŋəntiŋ]

quem	hvem	['vɛm]
alguém (~ teve uma ideia ...)	noen	['nʉən]
alguém	noen	['nʉən]

ninguém	ingen	['iŋən]
para lugar nenhum	ingensteds	['iŋənˌstɛts]
de ninguém	ingens	['iŋəns]
de alguém	noens	['nʉəns]

tão	så	['sɔ:]
também (gostaria ~ de ...)	også	['ɔsɔ]
também (~ eu)	også	['ɔsɔ]

18. Palavras funcionais. Advérbios. Parte 2

Porquê?	Hvorfor?	['vʊrfʊr]
por alguma razão	av en eller annen grunn	[ɑ: en elər 'ɑnən ˌgrʉn]
porque ...	fordi ...	[fɔ'di ...]
por qualquer razão	av en eller annen grunn	[ɑ: en elər 'ɑnən ˌgrʉn]

e (tu ~ eu)	og	['ɔ]
ou (ser ~ não ser)	eller	['elər]
mas (porém)	men	['men]
para (~ a minha mãe)	for, til	[fɔr], [til]

demasiado, muito	for, altfor	['fɔr], ['altfɔr]
só, somente	bare	['bɑrə]
exatamente	presis, eksakt	[prɛ'sis], [ɛk'sɑkt]
cerca de (~ 10 kg)	cirka	['sirkɑ]

aproximadamente	omtrent	[ɔm'trɛnt]
aproximado	omtrentlig	[ɔm'trɛntli]
quase	nesten	['nɛstən]
resto (m)	rest (m)	['rɛst]

o outro (segundo)	den annen	[den 'ɑnən]
outro	andre	['ɑndrə]
cada	hver	['vɛr]
qualquer	hvilken som helst	['vilkən sɔm 'hɛlst]
muito	mye	['mye]
muitas pessoas	mange	['mɑŋə]
todos	alle	['ɑlə]

em troca de ...	til gjengjeld for ...	[til 'jɛnjɛl fɔr ...]
em troca	istedenfor	[i'steden,fɔr]
à mão	for hånd	[fɔr 'hɔn]
pouco provável	neppe	['nepə]

provavelmente	sannsynligvis	[sɑn'sʏnli͵vis]
de propósito	med vilje	[me 'vilje]
por acidente	tilfeldigvis	[til'fɛldivis]

muito	meget	['megət]
por exemplo	for eksempel	[fɔr ɛk'sɛmpəl]
entre	mellom	['mɛlɔm]
entre (no meio de)	blant	['blɑnt]
tanto	så mye	['sɔ: mye]
especialmente	særlig	['sæːli]

Conceitos básicos. Parte 2

19. Dias da semana

segunda-feira (f)	mandag (m)	['mɑnˌdɑ]
terça-feira (f)	tirsdag (m)	['tiʂˌdɑ]
quarta-feira (f)	onsdag (m)	['ʉnsˌdɑ]
quinta-feira (f)	torsdag (m)	['toʂˌdɑ]
sexta-feira (f)	fredag (m)	['frɛˌdɑ]
sábado (m)	lørdag (m)	['lørˌdɑ]
domingo (m)	søndag (m)	['sønˌdɑ]
hoje	i dag	[i 'dɑ]
amanhã	i morgen	[i 'mɔːən]
depois de amanhã	i overmorgen	[i 'ɔvərˌmɔːən]
ontem	i går	[i 'gɔr]
anteontem	i forgårs	[i 'fɔrˌgɔʂ]
dia (m)	dag (m)	['dɑ]
dia (m) de trabalho	arbeidsdag (m)	['ɑrbæjdsˌdɑ]
feriado (m)	festdag (m)	['fɛstˌdɑ]
dia (m) de folga	fridag (m)	['friˌdɑ]
fim (m) de semana	ukeslutt (m), helg (f)	['ʉkəˌslʉt], ['hɛlg]
o dia todo	hele dagen	['helə 'dɑgən]
no dia seguinte	neste dag	['nɛstə ˌdɑ]
há dois dias	for to dager siden	[fɔr tʉ 'dɑgər ˌsidən]
na véspera	dagen før	['dɑgən 'før]
diário	daglig	['dɑgli]
todos os dias	hver dag	['vɛr dɑ]
semana (f)	uke (m/f)	['ʉkə]
na semana passada	siste uke	['sistə 'ʉkə]
na próxima semana	i neste uke	[i 'nɛstə 'ʉkə]
semanal	ukentlig	['ʉkəntli]
cada semana	hver uke	['vɛr 'ʉkə]
duas vezes por semana	to ganger per uke	['tʉ 'gɑŋər per 'ʉkə]
cada terça-feira	hver tirsdag	['vɛr 'tiʂdɑ]

20. Horas. Dia e noite

manhã (f)	morgen (m)	['mɔːən]
de manhã	om morgenen	[ɔm 'mɔːenən]
meio-dia (m)	middag (m)	['miˌdɑ]
à tarde	om ettermiddagen	[ɔm 'ɛtərˌmidɑgən]
noite (f)	kveld (m)	['kvɛl]
à noite (noitinha)	om kvelden	[ɔm 'kvɛlən]

noite (f)	natt (m/f)	['nɑt]
à noite	om natta	[ɔm 'nɑtɑ]
meia-noite (f)	midnatt (m/f)	['midˌnɑt]

segundo (m)	sekund (m/n)	[se'kʉn]
minuto (m)	minutt (n)	[mi'nʉt]
hora (f)	time (m)	['timə]
meia hora (f)	halvtime (m)	['hɑlˌtimə]
quarto (m) de hora	kvarter (n)	[kvɑːʈer]
quinze minutos	femten minutter	['fɛmtən mi'nʉtər]
vinte e quatro horas	døgn (n)	['døjn]

nascer (m) do sol	soloppgang (m)	['sʊlɔpˌgɑŋ]
amanhecer (m)	daggry (n)	['dɑgˌgry]
madrugada (f)	tidlig morgen (m)	['tili 'mɔːən]
pôr do sol (m)	solnedgang (m)	['sʊlnedˌgɑŋ]

de madrugada	tidlig om morgenen	['tili ɔm 'mɔːenən]
hoje de manhã	i morges	[i 'mɔrəs]
amanhã de manhã	i morgen tidlig	[i 'mɔːən 'tili]

hoje à tarde	i formiddag	[i 'fɔrmiˌdɑ]
à tarde	om ettermiddagen	[ɔm 'ɛtərˌmidɑgən]
amanhã à tarde	i morgen ettermiddag	[i 'mɔːən 'ɛtərˌmidɑ]

hoje à noite	i kveld	[i 'kvɛl]
amanhã à noite	i morgen kveld	[i 'mɔːən ˌkvɛl]

às três horas em ponto	presis klokka tre	[prɛ'sis 'klɔkɑ tre]
por volta das quatro	ved fire-tiden	[ve 'fire ˌtidən]
às doze	innen klokken tolv	['inən 'klɔkən tɔl]

dentro de vinte minutos	om tjue minutter	[ɔm 'çʉe mi'nʉtər]
dentro duma hora	om en time	[ɔm en 'timə]
a tempo	i tide	[i 'tidə]

menos um quarto	kvart på ...	['kvɑːʈ pɔ ...]
durante uma hora	innen en time	['inən en 'time]
a cada quinze minutos	hvert kvarter	['vɛːʈ kvɑː'ʈer]
as vinte e quatro horas	døgnet rundt	['døjne ˌrʉnt]

21. Meses. Estações

janeiro (m)	januar (m)	['jɑnʉˌɑr]
fevereiro (m)	februar (m)	['febrʉˌɑr]
março (m)	mars (m)	['mɑʂ]
abril (m)	april (m)	[ɑ'pril]
maio (m)	mai (m)	['mɑj]
junho (m)	juni (m)	['jʉni]
julho (m)	juli (m)	['jʉli]
agosto (m)	august (m)	[ɑʊ'gʉst]
setembro (m)	september (m)	[sep'tɛmbər]
outubro (m)	oktober (m)	[ɔk'tʊbər]

| novembro (m) | november (m) | [nʊ'vɛmbər] |
| dezembro (m) | desember (m) | [de'sɛmbər] |

primavera (f)	vår (m)	['vɔːr]
na primavera	om våren	[ɔm 'voːrən]
primaveril	vår-, vårlig	['vɔːr-], ['vɔːli̩]

verão (m)	sommer (m)	['sɔmər]
no verão	om sommeren	[ɔm 'sɔmərən]
de verão	sommer-	['sɔmər-]

outono (m)	høst (m)	['høst]
no outono	om høsten	[ɔm 'høstən]
outonal	høst-, høstlig	['høst-], ['høstli]

inverno (m)	vinter (m)	['vintər]
no inverno	om vinteren	[ɔm 'vintərən]
de inverno	vinter-	['vintər-]

mês (m)	måned (m)	['moːnət]
este mês	denne måneden	['dɛnə 'moːnedən]
no próximo mês	neste måned	['nɛstə 'moːnət]
no mês passado	forrige måned	['fɔriə ˌmoːnət]

há um mês	for en måned siden	[fɔr en 'moːnət ˌsidən]
dentro de um mês	om en måned	[ɔm en 'moːnət]
dentro de dois meses	om to måneder	[ɔm 'tʊ 'moːnedər]
todo o mês	en hel måned	[en 'hel 'moːnət]
um mês inteiro	hele måned	['helə 'moːnət]

mensal	månedlig	['moːnədli]
mensalmente	månedligt	['moːnedlət]
cada mês	hver måned	[ˌvɛr 'moːnət]
duas vezes por mês	to ganger per måned	['tʊ 'gaŋər per 'moːnət]

ano (m)	år (n)	['ɔr]
este ano	i år	[i 'oːr]
no próximo ano	neste år	['nɛstə ˌoːr]
no ano passado	i fjor	[i 'fjɔr]

há um ano	for et år siden	[fɔr et 'oːr ˌsidən]
dentro dum ano	om et år	[ɔm et 'oːr]
dentro de 2 anos	om to år	[ɔm 'tʊ 'oːr]
todo o ano	hele året	['helə 'oːre]
um ano inteiro	hele året	['helə 'oːre]

cada ano	hvert år	['vɛːt̩ 'oːr]
anual	årlig	['oːli̩]
anualmente	årlig, hvert år	['oːli̩], ['vɛːt̩ 'ɔr]
quatro vezes por ano	fire ganger per år	['fire 'gaŋər per 'oːr]

data (~ de hoje)	dato (m)	['datʊ]
data (ex. ~ de nascimento)	dato (m)	['datʊ]
calendário (m)	kalender (m)	[ka'lendər]
meio ano	halvår (n)	['halˌoːr]
seis meses	halvår (n)	['halˌoːr]

estação (f)	årstid (m/f)	[ˈoːʂˌtid]
século (m)	århundre (n)	[ˈɔrˌhʉndrə]

22. Unidades de medida

peso (m)	vekt (m)	[ˈvɛkt]
comprimento (m)	lengde (m/f)	[ˈleŋdə]
largura (f)	bredde (m)	[ˈbrɛdə]
altura (f)	høyde (m)	[ˈhøjdə]
profundidade (f)	dybde (m)	[ˈdʏbdə]
volume (m)	volum (n)	[vɔˈlʉm]
área (f)	areal (n)	[ˌareˈal]
grama (m)	gram (n)	[ˈgram]
miligrama (m)	milligram (n)	[ˈmiliˌgram]
quilograma (m)	kilogram (n)	[ˈçiluˌgram]
tonelada (f)	tonn (m/n)	[ˈtɔn]
libra (453,6 gramas)	pund (n)	[ˈpʉn]
onça (f)	unse (m)	[ˈʉnsə]
metro (m)	meter (m)	[ˈmetər]
milímetro (m)	millimeter (m)	[ˈmiliˌmetər]
centímetro (m)	centimeter (m)	[ˈsɛntiˌmetər]
quilómetro (m)	kilometer (m)	[ˈçiluˌmetər]
milha (f)	mil (m/f)	[ˈmil]
polegada (f)	tomme (m)	[ˈtɔmə]
pé (304,74 mm)	fot (m)	[ˈfʊt]
jarda (914,383 mm)	yard (m)	[ˈjaːrd]
metro (m) quadrado	kvadratmeter (m)	[kvaˈdratˌmetər]
hectare (m)	hektar (n)	[ˈhɛktar]
litro (m)	liter (m)	[ˈlitər]
grau (m)	grad (m)	[ˈgrad]
volt (m)	volt (m)	[ˈvɔlt]
ampere (m)	ampere (m)	[amˈpɛr]
cavalo-vapor (m)	hestekraft (m/f)	[ˈhɛstəˌkraft]
quantidade (f)	mengde (m)	[ˈmɛŋdə]
um pouco de …	få …	[ˈfɔ …]
metade (f)	halvdel (m)	[ˈhaldel]
dúzia (f)	dusin (n)	[dʉˈsin]
peça (f)	stykke (n)	[ˈstʏkə]
dimensão (f)	størrelse (m)	[ˈstœrəlsə]
escala (f)	målestokk (m)	[ˈmoːləˌstɔk]
mínimo	minimal	[miniˈmal]
menor, mais pequeno	minste	[ˈminstə]
médio	middel-	[ˈmidəl-]
máximo	maksimal	[maksiˈmal]
maior, mais grande	største	[ˈstœʂtə]

23. Recipientes

boião (m) de vidro	glaskrukke (m/f)	['glɑsˌkrʉkə]
lata (~ de cerveja)	boks (m)	['bɔks]
balde (m)	bøtte (m/f)	['bœtə]
barril (m)	tønne (m)	['tœnə]
bacia (~ de plástico)	vaskefat (n)	['vɑskəˌfɑt]
tanque (m)	tank (m)	['tɑnk]
cantil (m) de bolso	lommelerke (m/f)	['lʉməˌlærkə]
bidão (m) de gasolina	bensinkanne (m/f)	[bɛn'sinˌkɑnə]
cisterna (f)	tank (m)	['tɑnk]
caneca (f)	krus (n)	['krʉs]
chávena (f)	kopp (m)	['kɔp]
pires (m)	tefat (n)	['teˌfɑt]
copo (m)	glass (n)	['glɑs]
taça (f) de vinho	vinglass (n)	['vinˌglɑs]
panela, caçarola (f)	gryte (m/f)	['grytə]
garrafa (f)	flaske (m)	['flɑskə]
gargalo (m)	flaskehals (m)	['flɑskəˌhɑls]
jarro, garrafa (f)	karaffel (m)	[kɑ'rɑfəl]
jarro (m) de barro	mugge (m/f)	['mʉgə]
recipiente (m)	beholder (m)	[be'hɔlər]
pote (m)	pott, potte (m)	['pɔt], ['pɔtə]
vaso (m)	vase (m)	['vɑsə]
frasco (~ de perfume)	flakong (m)	[flɑ'kɔŋ]
frasquinho (ex. ~ de iodo)	flaske (m/f)	['flɑskə]
tubo (~ de pasta dentífrica)	tube (m)	['tʉbə]
saca (ex. ~ de açúcar)	sekk (m)	['sɛk]
saco (~ de plástico)	pose (m)	['pʉsə]
maço (m)	pakke (m/f)	['pɑkə]
caixa (~ de sapatos, etc.)	eske (m/f)	['ɛskə]
caixa (~ de madeira)	kasse (m/f)	['kɑsə]
cesta (f)	kurv (m)	['kʉrv]

O SER HUMANO

O ser humano. O corpo

24. Cabeça

cabeça (f)	hode (n)	['hʊdə]
cara (f)	ansikt (n)	['ɑnsikt]
nariz (m)	nese (m/f)	['nesə]
boca (f)	munn (m)	['mʉn]
olho (m)	øye (n)	['øjə]
olhos (m pl)	øyne (n pl)	['øjnə]
pupila (f)	pupill (m)	[pʉ'pil]
sobrancelha (f)	øyenbryn (n)	['øjən‚bryn]
pestana (f)	øyenvipp (m)	['øjən‚vip]
pálpebra (f)	øyelokk (m)	['øjə‚lɔk]
língua (f)	tunge (m/f)	['tʉŋə]
dente (m)	tann (m/f)	['tɑn]
lábios (m pl)	lepper (m/f pl)	['lepər]
maçãs (f pl) do rosto	kinnbein (n pl)	['çin‚bæjn]
gengiva (f)	tannkjøtt (n)	['tɑn‚çœt]
palato (m)	gane (m)	['gɑnə]
narinas (f pl)	nesebor (n pl)	['nesə‚bʊr]
queixo (m)	hake (m/f)	['hɑkə]
mandíbula (f)	kjeve (m)	['çɛvə]
bochecha (f)	kinn (n)	['çin]
testa (f)	panne (m/f)	['pɑnə]
têmpora (f)	tinning (m)	['tiniŋ]
orelha (f)	øre (n)	['ørə]
nuca (f)	bakhode (n)	['bɑk‚hodə]
pescoço (m)	hals (m)	['hɑls]
garganta (f)	strupe, hals (m)	['strʉpə], ['hɑls]
cabelos (m pl)	hår (n pl)	['hɔr]
penteado (m)	frisyre (m)	[fri'syrə]
corte (m) de cabelo	hårfasong (m)	['hɔːrfɑ‚sɔŋ]
peruca (f)	parykk (m)	[pɑ'rʏk]
bigode (m)	mustasje (m)	[mʉ'stɑʂə]
barba (f)	skjegg (n)	['ʂɛg]
usar, ter (~ barba, etc.)	å ha	[ɔ 'hɑ]
trança (f)	flette (m/f)	['fletə]
suíças (f pl)	bakkenbarter (pl)	['bɑkən‚bɑːʈər]
ruivo	rødhåret	['rø‚hoːrət]
grisalho	grå	['grɔ]

calvo	skallet	['skɑlət]
calva (f)	skallet flekk (m)	['skɑlət ˌflek]
rabo-de-cavalo (m)	hestehale (m)	['hɛstəˌhɑlə]
franja (f)	pannelugg (m)	['panəˌlʉg]

25. Corpo humano

| mão (f) | hånd (m/f) | ['hɔn] |
| braço (m) | arm (m) | ['ɑrm] |

dedo (m)	finger (m)	['fiŋər]
dedo (m) do pé	tå (m/f)	['tɔ]
polegar (m)	tommel (m)	['tɔmel]
dedo (m) mindinho	lillefinger (m)	['liləˌfiŋər]
unha (f)	negl (m)	['nɛjl]

punho (m)	knyttneve (m)	['knʏtˌnevə]
palma (f) da mão	håndflate (m/f)	['hɔnˌflɑtə]
pulso (m)	håndledd (n)	['hɔnˌled]
antebraço (m)	underarm (m)	['ʉnərˌɑrm]
cotovelo (m)	albue (m)	['alˌbʉə]
ombro (m)	skulder (m)	['skʉldər]

perna (f)	bein (n)	['bæjn]
pé (m)	fot (m)	['fʊt]
joelho (m)	kne (n)	['knɛ]
barriga (f) da perna	legg (m)	['leg]
anca (f)	hofte (m)	['hoftə]
calcanhar (m)	hæl (m)	['hæl]

corpo (m)	kropp (m)	['krɔp]
barriga (f)	mage (m)	['mɑgə]
peito (m)	bryst (n)	['brʏst]
seio (m)	bryst (n)	['brʏst]
lado (m)	side (m/f)	['sidə]
costas (f pl)	rygg (m)	['rʏg]
região (f) lombar	korsrygg (m)	['kɔːʂˌrʏg]
cintura (f)	liv (n), midje (m/f)	['liv], ['midjə]

umbigo (m)	navle (m)	['nɑvlə]
nádegas (f pl)	rumpeballer (m pl)	['rʉmpəˌbɑlər]
traseiro (m)	bak (m)	['bɑk]

sinal (m)	føflekk (m)	['føˌflek]
sinal (m) de nascença	fødselsmerke (n)	['føtsəlsˌmærke]
tatuagem (f)	tatovering (m/f)	[tatʊ'vɛriŋ]
cicatriz (f)	arr (n)	['ɑr]

Vestuário & Acessórios

26. Roupa exterior. Casacos

roupa (f)	klær (n)	['klær]
roupa (f) exterior	yttertøy (n)	['ytəˌtøj]
roupa (f) de inverno	vinterklær (n pl)	['vintərˌklær]
sobretudo (m)	frakk (m), kåpe (m/f)	['frɑk], ['koːpə]
casaco (m) de peles	pels (m), pelskåpe (m/f)	['pɛls], ['pɛlsˌkoːpə]
casaco curto (m) de peles	pelsjakke (m/f)	['pɛlsˌjakə]
casaco (m) acolchoado	dunjakke (m/f)	['dʉnˌjakə]
casaco, blusão (m)	jakke (m/f)	['jakə]
impermeável (m)	regnfrakk (m)	['ræjnˌfrɑk]
impermeável	vanntett	['vɑnˌtɛt]

27. Vestuário de homem & mulher

camisa (f)	skjorte (m/f)	['ʂœːʈə]
calças (f pl)	bukse (m)	['bʉksə]
calças (f pl) de ganga	jeans (m)	['dʒins]
casaco (m) de fato	dressjakke (m/f)	['drɛsˌjakə]
fato (m)	dress (m)	['drɛs]
vestido (ex. ~ vermelho)	kjole (m)	['çulə]
saia (f)	skjørt (n)	['ʂøːʈ]
blusa (f)	bluse (m)	['blʉsə]
casaco (m) de malha	strikket trøye (m/f)	['strikə 'trøjə]
casaco, blazer (m)	blazer (m)	['blæsər]
T-shirt, camiseta (f)	T-skjorte (m/f)	['teˌʂœːʈə]
calções (Bermudas, etc.)	shorts (m)	['ʂɔːʈs]
fato (m) de treino	treningsdrakt (m/f)	['treniŋsˌdrakt]
roupão (m) de banho	badekåpe (m/f)	['bɑdəˌkoːpə]
pijama (m)	pyjamas (m)	[py'ʂɑmɑs]
suéter (m)	sweater (m)	['svɛtər]
pulôver (m)	pullover (m)	[pʉ'lovər]
colete (m)	vest (m)	['vɛst]
fraque (m)	livkjole (m)	['livˌçulə]
smoking (m)	smoking (m)	['smɔkiŋ]
uniforme (m)	uniform (m)	[ʉni'fɔrm]
roupa (f) de trabalho	arbeidsklær (n pl)	['ɑrbæjdsˌklær]
fato-macaco (m)	kjeledress, overall (m)	['çeləˌdrɛs], ['ovɛrˌɔl]
bata (~ branca, etc.)	kittel (m)	['çitəl]

28. Vestuário. Roupa interior

roupa (f) interior	undertøy (n)	['ʉnəˌtøj]
cuecas boxer (f pl)	underbukse (m/f)	['ʉnərˌbʉksə]
cuecas (f pl)	truse (m/f)	['trʉsə]
camisola (f) interior	undertrøye (m/f)	['ʉnəˌtrøjə]
peúgas (f pl)	sokker (m pl)	['sɔkər]
camisa (f) de noite	nattkjole (m)	['natˌçʉlə]
sutiã (m)	behå (m)	['beˌhɔ]
meias longas (f pl)	knestrømper (m/f pl)	['knɛˌstrømpər]
meia-calça (f)	strømpebukse (m/f)	['strømpəˌbʉksə]
meias (f pl)	strømper (m/f pl)	['strømpər]
fato (m) de banho	badedrakt (m/f)	['badəˌdrakt]

29. Adereços de cabeça

chapéu (m)	hatt (m)	['hat]
chapéu (m) de feltro	hatt (m)	['hat]
boné (m) de beisebol	baseball cap (m)	['bɛjsbɔl kɛp]
boné (m)	sikspens (m)	['sikspens]
boina (f)	alpelue, baskerlue (m/f)	['alpəˌlʉə], ['baskəˌlʉə]
capuz (m)	hette (m/f)	['hɛtə]
panamá (m)	panamahatt (m)	['panamaˌhat]
gorro (m) de malha	strikket lue (m/f)	['strikəˌlʉə]
lenço (m)	skaut (n)	['skaʉt]
chapéu (m) de mulher	hatt (m)	['hat]
capacete (m) de proteção	hjelm (m)	['jɛlm]
bibico (m)	båtlue (m/f)	['bɔtˌlʉə]
capacete (m)	hjelm (m)	['jɛlm]
chapéu-coco (m)	bowlerhatt, skalk (m)	['bɔʉlerˌhat], ['skalk]
chapéu (m) alto	flosshatt (m)	['flosˌhat]

30. Calçado

calçado (m)	skotøy (n)	['skʉtøj]
botinas (f pl)	skor (m pl)	['skʉr]
sapatos (de salto alto, etc.)	pumps (m pl)	['pʉmps]
botas (f pl)	støvler (m pl)	['støvlər]
pantufas (f pl)	tøfler (m pl)	['tøflər]
ténis (m pl)	tennissko (m pl)	['tɛnisˌskʉ]
sapatilhas (f pl)	canvas sko (m pl)	['kanvas ˌskʉ]
sandálias (f pl)	sandaler (m pl)	[san'dalər]
sapateiro (m)	skomaker (m)	['skʉˌmakər]
salto (m)	hæl (m)	['hæl]

par (m)	par (n)	['pɑr]
atacador (m)	skolisse (m/f)	['skʉˌlisə]
apertar os atacadores	å snøre	[ɔ 'snørə]
calçadeira (f)	skohorn (n)	['skʉˌhuːŋ]
graxa (f) para calçado	skokrem (m)	['skʉˌkrɛm]

31. Acessórios pessoais

luvas (f pl)	hansker (m pl)	['hɑnskər]
mitenes (f pl)	votter (m pl)	['vɔtər]
cachecol (m)	skjerf (n)	['ʂærf]

óculos (m pl)	briller (m pl)	['brilər]
armação (f) de óculos	innfatning (m/f)	['inˌfɑtniŋ]
guarda-chuva (m)	paraply (m)	[pɑrɑˈply]
bengala (f)	stokk (m)	['stɔk]
escova (f) para o cabelo	hårbørste (m)	['hɔrˌbœʂtə]
leque (m)	vifte (m/f)	['viftə]

gravata (f)	slips (n)	['slips]
gravata-borboleta (f)	sløyfe (m/f)	['sløjfə]
suspensórios (m pl)	bukseseler (m pl)	['bʉksəˈselər]
lenço (m)	lommetørkle (n)	['lʊməˌtœrklə]

pente (m)	kam (m)	['kɑm]
travessão (m)	hårspenne (m/f/n)	['hoːrˌspɛnə]
gancho (m) de cabelo	hårnål (m/f)	['hoːrˌnol]
fivela (f)	spenne (m/f/n)	['spɛnə]

| cinto (m) | belte (m) | ['bɛltə] |
| correia (f) | skulderreim, rem (m/f) | ['skʉldəˌræjm], ['rem] |

mala (f)	veske (m/f)	['vɛskə]
mala (f) de senhora	håndveske (m/f)	['hɔnˌvɛskə]
mochila (f)	ryggsekk (m)	['rʏɡˌsɛk]

32. Vestuário. Diversos

moda (f)	mote (m)	['mʊtə]
na moda	moteriktig	['mʊtəˌrikti]
estilista (m)	moteskaper (m)	['mʊtəˌskɑpər]

colarinho (m), gola (f)	krage (m)	['krɑɡə]
bolso (m)	lomme (m/f)	['lʊmə]
de bolso	lomme-	['lʊmə-]
manga (f)	erme (n)	['ærmə]
alcinha (f)	hempe (m)	['hɛmpə]
braguilha (f)	gylf, buksesmekk (m)	['gylf], ['bʉksəˌsmɛk]

fecho (m) de correr	glidelås (m/n)	['ɡlidəˌlɔs]
fecho (m), colchete (m)	hekte (m/f), knepping (m)	['hɛktə], ['knɛpiŋ]
botão (m)	knapp (m)	['knɑp]

casa (f) de botão	klapphull (n)	['klɔpˌhʉl]
soltar-se (vr)	å falle av	[ɔ 'falə a:]
coser, costurar (vi)	å sy	[ɔ 'sy]
bordar (vt)	å brodere	[ɔ brʉ'derə]
bordado (m)	broderi (n)	[brʉde'ri]
agulha (f)	synål (m/f)	['syˌnɔl]
fio (m)	tråd (m)	['trɔ]
costura (f)	søm (m)	['søm]
sujar-se (vr)	å skitne seg til	[ɔ 'ʂitnə sæj til]
mancha (f)	flekk (m)	['flek]
engelhar-se (vr)	å bli skrukkete	[ɔ 'bli 'skrʉketə]
rasgar (vt)	å rive	[ɔ 'rivə]
traça (f)	møll (m/n)	['møl]

33. Cuidados pessoais. Cosméticos

pasta (f) de dentes	tannpasta (m)	['tanˌpasta]
escova (f) de dentes	tannbørste (m)	['tanˌbœʂtə]
escovar os dentes	å pusse tennene	[ɔ 'pʉsə 'tɛnənə]
máquina (f) de barbear	høvel (m)	['høvəl]
creme (m) de barbear	barberkrem (m)	[bar'bɛrˌkrɛm]
barbear-se (vr)	å barbere seg	[ɔ bar'berə sæj]
sabonete (m)	såpe (m/f)	['so:pə]
champô (m)	sjampo (m)	['ʂamˌpʉ]
tesoura (f)	saks (m/f)	['saks]
lima (f) de unhas	neglefil (m/f)	['nɛjləˌfil]
corta-unhas (m)	negleklipper (m)	['nɛjləˌklipər]
pinça (f)	pinsett (m)	[pin'sɛt]
cosméticos (m pl)	kosmetikk (m)	[kʉsme'tik]
máscara (f) facial	ansiktsmaske (m/f)	['ansiktsˌmaskə]
manicura (f)	manikyr (m)	[mani'kyr]
fazer a manicura	å få manikyr	[ɔ 'fɔ mani'kyr]
pedicure (f)	pedikyr (m)	[pedi'kyr]
mala (f) de maquilhagem	sminkeveske (m/f)	['sminkəˌvɛskə]
pó (m)	pudder (n)	['pʉdər]
caixa (f) de pó	pudderdåse (m)	['pʉdərˌdo:sə]
blush (m)	rouge (m)	['ru:ʂ]
perfume (m)	parfyme (m)	[par'fymə]
água (f) de toilette	eau de toilette (m)	['ɔ: də twa'let]
loção (f)	lotion (m)	['loʉʂɛn]
água-de-colónia (f)	eau de cologne (m)	['ɔ: də kɔ'lɔɲ]
sombra (f) de olhos	øyeskygge (m)	['øjəˌsygə]
lápis (m) delineador	eyeliner (m)	['a:jˌlajnər]
máscara (f), rímel (m)	maskara (m)	[ma'skara]
batom (m)	leppestift (m)	['lepəˌstift]

verniz (m) de unhas	neglelakk (m)	['nɛjləˌlak]
laca (f) para cabelos	hårlakk (m)	['hoːrˌlak]
desodorizante (m)	deodorant (m)	[deudʉ'rant]
creme (m)	krem (m)	['krɛm]
creme (m) de rosto	ansiktskrem (m)	['ansiktsˌkrɛm]
creme (m) de mãos	håndkrem (m)	['hɔnˌkrɛm]
creme (m) antirrugas	antirynkekrem (m)	[anti'rʏnkəˌkrɛm]
creme (m) de dia	dagkrem (m)	['dagˌkrɛm]
creme (m) de noite	nattkrem (m)	['natˌkrɛm]
de dia	dag-	['dag-]
da noite	natt-	['nat-]
tampão (m)	tampong (m)	[tam'pɔŋ]
papel (m) higiénico	toalettpapir (n)	[tʊa'let pa'pir]
secador (m) elétrico	hårføner (m)	['hoːrˌfønər]

34. Relógios de pulso. Relógios

relógio (m) de pulso	armbåndsur (n)	['armbɔnsˌʉr]
mostrador (m)	urskive (m/f)	['ʉːˌṣivə]
ponteiro (m)	viser (m)	['visər]
bracelete (f) em aço	armbånd (n)	['armˌbɔn]
bracelete (f) em couro	rem (m/f)	['rem]
pilha (f)	batteri (n)	[batɛ'ri]
descarregar-se	å bli utladet	[ɔ 'bli 'ʉtˌladət]
trocar a pilha	å skifte batteriene	[ɔ 'ṣiftə batɛ'rienə]
estar adiantado	å gå for fort	[ɔ 'gɔ fɔ 'fɔːʈ]
estar atrasado	å gå for sakte	[ɔ 'gɔ fɔ 'saktə]
relógio (m) de parede	veggur (n)	['vɛgˌʉr]
ampulheta (f)	timeglass (n)	['timəˌglas]
relógio (m) de sol	solur (n)	['sʊlˌʉr]
despertador (m)	vekkerklokka (m/f)	['vɛkərˌklɔka]
relojoeiro (m)	urmaker (m)	['ʉrˌmakər]
reparar (vt)	å reparere	[ɔ repa'rerə]

Alimentação. Nutrição

35. Comida

carne (f)	kjøtt (n)	['çœt]
galinha (f)	høne (m/f)	['hønə]
frango (m)	kylling (m)	['çyliŋ]
pato (m)	and (m/f)	['ɑn]
ganso (m)	gås (m/f)	['gɔs]
caça (f)	vilt (n)	['vilt]
peru (m)	kalkun (m)	[kɑl'kʉn]

carne (f) de porco	svinekjøtt (n)	['svinə,çœt]
carne (f) de vitela	kalvekjøtt (n)	['kɑlvə,çœt]
carne (f) de carneiro	fårekjøtt (n)	['foːrə,çœt]
carne (f) de vaca	oksekjøtt (n)	['ɔksə,çœt]
carne (f) de coelho	kanin (m)	[kɑ'nin]

chouriço, salsichão (m)	pølse (m/f)	['pølsə]
salsicha (f)	wienerpølse (m/f)	['vinər,pølsə]
bacon (m)	bacon (n)	['bɛjkən]
fiambre (f)	skinke (m)	['ʂinkə]
presunto (m)	skinke (m)	['ʂinkə]

patê (m)	pate, paté (m)	[pɑ'te]
fígado (m)	lever (m)	['levər]
carne (f) moída	kjøttfarse (m)	['çœt,fɑrʂə]
língua (f)	tunge (m/f)	['tʉŋə]

ovo (m)	egg (n)	['ɛg]
ovos (m pl)	egg (n pl)	['ɛg]
clara (f) do ovo	eggehvite (m)	['ɛgə,vitə]
gema (f) do ovo	plomme (m/f)	['plʉmə]

peixe (m)	fisk (m)	['fisk]
mariscos (m pl)	sjømat (m)	['ʂø,mɑt]
crustáceos (m pl)	krepsdyr (n pl)	['krɛps,dyr]
caviar (m)	kaviar (m)	['kɑvi,ɑr]

caranguejo (m)	krabbe (m)	['krɑbə]
camarão (m)	reke (m/f)	['rekə]
ostra (f)	østers (m)	['østəʂ]
lagosta (f)	langust (m)	[lɑŋ'gʉst]
polvo (m)	blekksprut (m)	['blek,sprʉt]
lula (f)	blekksprut (m)	['blek,sprʉt]

esturjão (m)	stør (m)	['stør]
salmão (m)	laks (m)	['lɑks]
halibute (m)	kveite (m/f)	['kvæjtə]
bacalhau (m)	torsk (m)	['tɔʂk]

cavala, sarda (f)	makrell (m)	[ma'krɛl]
atum (m)	tunfisk (m)	['tʉnˌfisk]
enguia (f)	ål (m)	['ɔl]
truta (f)	ørret (m)	['øret]
sardinha (f)	sardin (m)	[sɑː'ɖin]
lúcio (m)	gjedde (m/f)	['jɛdə]
arenque (m)	sild (m/f)	['sil]
pão (m)	brød (n)	['brø]
queijo (m)	ost (m)	['ʊst]
açúcar (m)	sukker (n)	['sʉkər]
sal (m)	salt (n)	['sɑlt]
arroz (m)	ris (m)	['ris]
massas (f pl)	pasta, makaroni (m)	['pɑstɑ], [mɑkɑ'rʊni]
talharim (m)	nudler (m pl)	['nʉdlər]
manteiga (f)	smør (n)	['smør]
óleo (m) vegetal	vegetabilsk olje (m)	[vegetɑ'bilsk ˌɔljə]
óleo (m) de girassol	solsikkeolje (m)	['sʊlsikəˌɔlje]
margarina (f)	margarin (m)	[mɑrgɑ'rin]
azeitonas (f pl)	olivener (m pl)	[ʊ'livenər]
azeite (m)	olivenolje (m)	[ʊ'livenˌɔljə]
leite (m)	melk (m/f)	['mɛlk]
leite (m) condensado	kondensert melk (m/f)	[kʊndən'seːt ˌmɛlk]
iogurte (m)	jogurt (m)	['jɔgʉːt]
nata (f) azeda	rømme, syrnet fløte (m)	['rœmə], ['syːɳet 'fløtə]
nata (f) do leite	fløte (m)	['fløtə]
maionese (f)	majones (m)	[mɑjɔ'nɛs]
creme (m)	krem (m)	['krɛm]
grãos (m pl) de cereais	gryn (n)	['gryn]
farinha (f)	mel (n)	['mel]
enlatados (m pl)	hermetikk (m)	[hɛrme'tik]
flocos (m pl) de milho	cornflakes (m)	['kɔːɳˌflejks]
mel (m)	honning (m)	['hɔniŋ]
doce (m)	syltetøy (n)	['syltəˌtøj]
pastilha (f) elástica	tyggegummi (m)	['tygəˌgʉmi]

36. Bebidas

água (f)	vann (n)	['vɑn]
água (f) potável	drikkevann (n)	['drikəˌvɑn]
água (f) mineral	mineralvann (n)	[minə'rɑlˌvɑn]
sem gás	uten kullsyre	['ʉtən kʉl'syrə]
gaseificada	kullsyret	[kʉl'syrət]
com gás	med kullsyre	[me kʉl'syrə]
gelo (m)	is (m)	['is]

com gelo	med is	[me 'is]
sem álcool	alkoholfri	['ɑlkʉhʉlˌfri]
bebida (f) sem álcool	alkoholfri drikk (m)	['ɑlkʉhʉlˌfri drik]
refresco (m)	leskedrikk (m)	['leskəˌdrik]
limonada (f)	limonade (m)	[limɔ'nɑdə]
bebidas (f pl) alcoólicas	rusdrikker (m pl)	['rʉsˌdrikər]
vinho (m)	vin (m)	['vin]
vinho (m) branco	hvitvin (m)	['vitˌvin]
vinho (m) tinto	rødvin (m)	['røˌvin]
licor (m)	likør (m)	[li'kør]
champanhe (m)	champagne (m)	[ʂɑm'panjə]
vermute (m)	vermut (m)	['værmʉt]
uísque (m)	whisky (m)	['viski]
vodka (f)	vodka (m)	['vɔdkɑ]
gim (m)	gin (m)	['dʒin]
conhaque (m)	konjakk (m)	['kʊnjɑk]
rum (m)	rom (m)	['rʊm]
café (m)	kaffe (m)	['kɑfə]
café (m) puro	svart kaffe (m)	['svɑːʈ 'kɑfə]
café (m) com leite	kaffe (m) med melk	['kɑfə me 'mɛlk]
cappuccino (m)	cappuccino (m)	[kɑpʊ'tʃinɔ]
café (m) solúvel	pulverkaffe (m)	['pʉlvərˌkɑfə]
leite (m)	melk (m/f)	['mɛlk]
coquetel (m)	cocktail (m)	['kɔkˌtɛjl]
batido (m) de leite	milkshake (m)	['milkˌsɛjk]
sumo (m)	jus, juice (m)	['dʒʉs]
sumo (m) de tomate	tomatjuice (m)	[tʊ'mɑtˌdʒʉs]
sumo (m) de laranja	appelsinjuice (m)	[ɑpel'sinˌdʒʉs]
sumo (m) fresco	nypresset juice (m)	['nyˌprɛsə 'dʒʉs]
cerveja (f)	øl (m/n)	['øl]
cerveja (f) clara	lettøl (n)	['letˌøl]
cerveja (f) preta	mørkt øl (n)	['mœrktˌøl]
chá (m)	te (m)	['te]
chá (m) preto	svart te (m)	['svɑːʈ ˌte]
chá (m) verde	grønn te (m)	['grœn ˌte]

37. Vegetais

legumes (m pl)	grønnsaker (m pl)	['grœnˌsɑkər]
verduras (f pl)	grønnsaker (m pl)	['grœnˌsɑkər]
tomate (m)	tomat (m)	[tʊ'mɑt]
pepino (m)	agurk (m)	[ɑ'gʉrk]
cenoura (f)	gulrot (m/f)	['gʉlˌrʊt]
batata (f)	potet (m/f)	[pʊ'tet]
cebola (f)	løk (m)	['løk]

alho (m)	hvitløk (m)	['vit̬løk]
couve (f)	kål (m)	['kɔl]
couve-flor (f)	blomkål (m)	['blɔm̩kɔl]
couve-de-bruxelas (f)	rosenkål (m)	['rʉsən̩kɔl]
brócolos (m pl)	brokkoli (m)	['brɔkɔli]
beterraba (f)	rødbete (m/f)	['rø̩betə]
beringela (f)	aubergine (m)	[ɔbɛr'ṣin]
curgete (f)	squash (m)	['skvɔṣ]
abóbora (f)	gresskar (n)	['grɛskɑr]
nabo (m)	nepe (m/f)	['nepə]
salsa (f)	persille (m/f)	[pæ'ṣilə]
funcho, endro (m)	dill (m)	['dil]
alface (f)	salat (m)	[sɑ'lɑt]
aipo (m)	selleri (m/n)	[sɛle̩ri]
espargo (m)	asparges (m)	[ɑ'spɑrṣəs]
espinafre (m)	spinat (m)	[spi'nɑt]
ervilha (f)	erter (m pl)	['æːtər]
fava (f)	bønner (m/f pl)	['bœnər]
milho (m)	mais (m)	['mɑis]
feijão (m)	bønne (m/f)	['bœnə]
pimentão (m)	pepper (m)	['pɛpər]
rabanete (m)	reddik (m)	['rɛdik]
alcachofra (f)	artisjokk (m)	[ˌɑːt̩i'ṣɔk]

38. Frutos. Nozes

fruta (f)	frukt (m/f)	['frʉkt]
maçã (f)	eple (n)	['ɛplə]
pera (f)	pære (m/f)	['pærə]
limão (m)	sitron (m)	[si'trʉn]
laranja (f)	appelsin (m)	[ɑpel'sin]
morango (m)	jordbær (n)	['juːr̩bær]
tangerina (f)	mandarin (m)	[mɑndɑ'rin]
ameixa (f)	plomme (m/f)	['plʉmə]
pêssego (m)	fersken (m)	['fæṣkən]
damasco (m)	aprikos (m)	[ɑpri'kʉs]
framboesa (f)	bringebær (n)	['briŋə̩bær]
ananás (m)	ananas (m)	['ɑnɑnɑs]
banana (f)	banan (m)	[bɑ'nɑn]
melancia (f)	vannmelon (m)	['vɑnme̩lʉn]
uva (f)	drue (m)	['drʉə]
ginja (f)	kirsebær (n)	['çiṣə̩bær]
cereja (f)	morell (m)	[mʉ'rɛl]
meloa (f)	melon (m)	[me'lun]
toranja (f)	grapefrukt (m/f)	['grɛjp̩frʉkt]
abacate (m)	avokado (m)	[ɑvɔ'kɑdɔ]
papaia (f)	papaya (m)	[pɑ'pɑjɑ]

manga (f)	mango (m)	['maŋu]
romã (f)	granateple (n)	[gra'nɑtˌɛplə]

groselha (f) vermelha	rips (m)	['rips]
groselha (f) preta	solbær (n)	['sʊlˌbær]
groselha (f) espinhosa	stikkelsbær (n)	['stikəlsˌbær]
mirtilo (m)	blåbær (n)	['blɔˌbær]
amora silvestre (f)	bjørnebær (m)	['bjœːŋəˌbær]

uvas (f pl) passas	rosin (m)	[rʊ'sin]
figo (m)	fiken (m)	['fikən]
tâmara (f)	daddel (m)	['dɑdəl]

amendoim (m)	jordnøtt (m)	['juːrˌnœt]
amêndoa (f)	mandel (m)	['mɑndəl]
noz (f)	valnøtt (m/f)	['vɑlˌnœt]
avelã (f)	hasselnøtt (m/f)	['hɑsəlˌnœt]
coco (m)	kokosnøtt (m/f)	['kʊkʊsˌnœt]
pistáchios (m pl)	pistasier (m pl)	[pi'stɑṣiər]

39. Pão. Bolaria

pastelaria (f)	bakevarer (m/f pl)	['bɑkəˌvɑrər]
pão (m)	brød (n)	['brø]
bolacha (f)	kjeks (m)	['çɛks]

chocolate (m)	sjokolade (m)	[ṣʊkʊ'lɑdə]
de chocolate	sjokolade-	[ṣʊkʊ'lɑdə-]
rebuçado (m)	sukkertøy (n), karamell (m)	['sʉkəːˌtøj], [kɑrɑ'mɛl]
bolo (cupcake, etc.)	kake (m/f)	['kɑkə]
bolo (m) de aniversário	bløtkake (m/f)	['bløtˌkɑkə]

tarte (~ de maçã)	pai (m)	['pɑj]
recheio (m)	fyll (m/n)	['fʏl]

doce (m)	syltetøy (n)	['syltəˌtøj]
geleia (f) de frutas	marmelade (m)	[mɑrme'lɑdə]
waffle (m)	vaffel (m)	['vɑfəl]
gelado (m)	iskrem (m)	['iskrɛm]
pudim (m)	pudding (m)	['pʉdiŋ]

40. Pratos cozinhados

prato (m)	rett (m)	['rɛt]
cozinha (~ portuguesa)	kjøkken (n)	['çœkən]
receita (f)	oppskrift (m)	['ɔpˌskrift]
porção (f)	porsjon (m)	[pɔ'ṣun]

salada (f)	salat (m)	[sɑ'lɑt]
sopa (f)	suppe (m/f)	['sʉpə]
caldo (m)	buljong (m)	[bu'ljɔŋ]
sandes (f)	smørbrød (n)	['smørˌbrø]

ovos (m pl) estrelados	speilegg (n)	['spæjl,ɛg]
hambúrguer (m)	hamburger (m)	['hamburgər]
bife (m)	biff (m)	['bif]

conduto (m)	tilbehør (n)	['tilbə,hør]
espaguete (m)	spagetti (m)	[spa'gɛti]
puré (m) de batata	potetmos (m)	[pu'tet,mus]
pizza (f)	pizza (m)	['pitsa]
papa (f)	grøt (m)	['grøt]
omelete (f)	omelett (m)	[ɔmə'let]

cozido em água	kokt	['kukt]
fumado	røkt	['røkt]
frito	stekt	['stɛkt]
seco	tørket	['tœrkət]
congelado	frossen, dypfryst	['frɔsən], ['dyp,frʏst]
em conserva	syltet	['sʏltət]

doce (açucarado)	søt	['søt]
salgado	salt	['salt]
frio	kald	['kal]
quente	het, varm	['het], ['vɑrm]
amargo	bitter	['bitər]
gostoso	lekker	['lekər]

cozinhar (em água a ferver)	å koke	[ɔ 'kukə]
fazer, preparar (vt)	å lage	[ɔ 'lagə]
fritar (vt)	å steke	[ɔ 'stekə]
aquecer (vt)	å varme opp	[ɔ 'varmə ɔp]

salgar (vt)	å salte	[ɔ 'saltə]
apimentar (vt)	å pepre	[ɔ 'pɛprə]
ralar (vt)	å rive	[ɔ 'rivə]
casca (f)	skall (n)	['skal]
descascar (vt)	å skrelle	[ɔ 'skrɛlə]

41. Especiarias

sal (m)	salt (n)	['salt]
salgado	salt	['salt]
salgar (vt)	å salte	[ɔ 'saltə]

pimenta (f) preta	svart pepper (m)	['sva:t 'pɛpər]
pimenta (f) vermelha	rød pepper (m)	['rø 'pɛpər]
mostarda (f)	sennep (m)	['sɛnəp]
raiz-forte (f)	pepperrot (m/f)	['pɛpər,rut]

condimento (m)	krydder (n)	['krʏdər]
especiaria (f)	krydder (n)	['krʏdər]
molho (m)	saus (m)	['saus]
vinagre (m)	eddik (m)	['ɛdik]

anis (m)	anis (m)	['anis]
manjericão (m)	basilik (m)	[basi'lik]

Portuguese	Norwegian	IPA
cravo (m)	nellik (m)	[ˈnɛlik]
gengibre (m)	ingefær (m)	[ˈiŋəˌfær]
coentro (m)	koriander (m)	[kʊriˈandər]
canela (f)	kanel (m)	[kɑˈnel]
sésamo (m)	sesam (m)	[ˈsesɑm]
folhas (f pl) de louro	laurbærblad (n)	[ˈlaʊrbærˌblɑ]
páprica (f)	paprika (m)	[ˈpɑprikɑ]
cominho (m)	karve, kummin (m)	[ˈkɑrvə], [ˈkʉmin]
açafrão (m)	safran (m)	[sɑˈfrɑn]

42. Refeições

Portuguese	Norwegian	IPA
comida (f)	mat (m)	[ˈmɑt]
comer (vt)	å spise	[ɔ ˈspisə]
pequeno-almoço (m)	frokost (m)	[ˈfrʊkɔst]
tomar o pequeno-almoço	å spise frokost	[ɔ ˈspisə ˌfrʊkɔst]
almoço (m)	lunsj, lunch (m)	[ˈlʉnʂ]
almoçar (vi)	å spise lunsj	[ɔ ˈspisə ˌlʉnʂ]
jantar (m)	middag (m)	[ˈmiˌdɑ]
jantar (vi)	å spise middag	[ɔ ˈspisə ˈmiˌdɑ]
apetite (m)	appetitt (m)	[ɑpeˈtit]
Bom apetite!	God appetitt!	[ˈgʊ ɑpeˈtit]
abrir (~ uma lata, etc.)	å åpne	[ɔ ˈɔpnə]
derramar (vt)	å spille	[ɔ ˈspilə]
derramar-se (vr)	å bli spilt	[ɔ ˈbli ˈspilt]
ferver (vi)	å koke	[ɔ ˈkʊkə]
ferver (vt)	å koke	[ɔ ˈkʊkə]
fervido	kokt	[ˈkʊkt]
arrefecer (vt)	å svalne	[ɔ ˈsvɑlnə]
arrefecer-se (vr)	å avkjøles	[ɔ ˈavˌçœləs]
sabor, gosto (m)	smak (m)	[ˈsmɑk]
gostinho (m)	bismak (m)	[ˈbismɑk]
fazer dieta	å være på diet	[ɔ ˈværə pɔ diˈet]
dieta (f)	diett (m)	[diˈet]
vitamina (f)	vitamin (n)	[vitɑˈmin]
caloria (f)	kalori (m)	[kɑlʊˈri]
vegetariano (m)	vegetarianer (m)	[vegetɑriˈɑnər]
vegetariano	vegetarisk	[vegeˈtɑrisk]
gorduras (f pl)	fett (n)	[ˈfɛt]
proteínas (f pl)	proteiner (n pl)	[prɔteˈinər]
carboidratos (m pl)	kullhydrater (n pl)	[ˈkʉlhyˌdrɑtər]
fatia (~ de limão, etc.)	skive (m/f)	[ˈʂivə]
pedaço (~ de bolo)	stykke (n)	[ˈstʏkə]
migalha (f)	smule (m)	[ˈsmʉlə]

43. Por a mesa

colher (f)	skje (m)	['ʂe]
faca (f)	kniv (m)	['kniv]
garfo (m)	gaffel (m)	['gafəl]
chávena (f)	kopp (m)	['kɔp]
prato (m)	tallerken (m)	[tɑ'lærkən]
pires (m)	tefat (n)	['te‚fat]
guardanapo (m)	serviett (m)	[sɛrvi'ɛt]
palito (m)	tannpirker (m)	['tɑn‚pirkər]

44. Restaurante

restaurante (m)	restaurant (m)	[rɛstʉ'rɑŋ]
café (m)	kafé, kaffebar (m)	[kɑ'fe], ['kɑfə‚bɑr]
bar (m), cervejaria (f)	bar (m)	['bɑr]
salão (m) de chá	tesalong (m)	['tesɑ‚lɔŋ]
empregado (m) de mesa	servitør (m)	['særvi'tør]
empregada (f) de mesa	servitrise (m/f)	[særvi'trisə]
barman (m)	bartender (m)	['bɑː‚tɛndər]
ementa (f)	meny (m)	[me'ny]
lista (f) de vinhos	vinkart (n)	['vin‚kɑːt]
reservar uma mesa	å reservere bord	[ɔ resɛr'verə 'bʉr]
prato (m)	rett (m)	['rɛt]
pedir (vt)	å bestille	[ɔ be'stilə]
fazer o pedido	å bestille	[ɔ be'stilə]
aperitivo (m)	aperitiff (m)	[ɑperi'tif]
entrada (f)	forrett (m)	['fɔrɛt]
sobremesa (f)	dessert (m)	[de'sɛːr]
conta (f)	regning (m/f)	['rɛjniŋ]
pagar a conta	å betale regningen	[ɔ be'tɑlə 'rɛjniŋən]
dar o troco	å gi tilbake veksel	[ɔ ji til'bɑkə 'vɛksəl]
gorjeta (f)	driks (m)	['driks]

Família, parentes e amigos

45. Informação pessoal. Formulários

nome (m)	navn (n)	['nɑvn]
apelido (m)	etternavn (n)	['ɛtəˌnɑvn]
data (f) de nascimento	fødselsdato (m)	['føtsəlsˌdɑtʉ]
local (m) de nascimento	fødested (n)	['fødəˌsted]
nacionalidade (f)	nasjonalitet (m)	[nɑʂʉnɑli'tet]
lugar (m) de residência	bosted (n)	['bʉˌsted]
país (m)	land (n)	['lɑn]
profissão (f)	yrke (n), profesjon (m)	['yrkə], [prʉfe'ʂʉn]
sexo (m)	kjønn (n)	['çœn]
estatura (f)	høyde (m)	['højdə]
peso (m)	vekt (m)	['vɛkt]

46. Membros da família. Parentes

mãe (f)	mor (m/f)	['mʉr]
pai (m)	far (m)	['fɑr]
filho (m)	sønn (m)	['sœn]
filha (f)	datter (m/f)	['dɑtər]
filha (f) mais nova	yngste datter (m/f)	['yŋstə 'dɑtər]
filho (m) mais novo	yngste sønn (m)	['yŋstə 'sœn]
filha (f) mais velha	eldste datter (m/f)	['ɛlstə 'dɑtər]
filho (m) mais velho	eldste sønn (m)	['ɛlstə 'sœn]
irmão (m)	bror (m)	['brʉr]
irmão (m) mais velho	eldre bror (m)	['ɛldrəˌbrʉr]
irmão (m) mais novo	lillebror (m)	['liləˌbrʉr]
irmã (f)	søster (m/f)	['søstər]
irmã (f) mais velha	eldre søster (m/f)	['ɛldrəˌsøstər]
irmã (f) mais nova	lillesøster (m/f)	['liləˌsøstər]
primo (m)	fetter (m/f)	['fɛtər]
prima (f)	kusine (m)	[kʉ'sinə]
mamã (f)	mamma (m)	['mɑmɑ]
papá (m)	pappa (m)	['pɑpɑ]
pais (pl)	foreldre (pl)	[fɔr'ɛldrə]
criança (f)	barn (n)	['bɑːn]
crianças (f pl)	barn (n pl)	['bɑːn]
avó (f)	bestemor (m)	['bɛstəˌmʉr]
avô (m)	bestefar (m)	['bɛstəˌfɑr]
neto (m)	barnebarn (n)	['bɑːnəˌbɑːn]

neta (f)	barnebarn (n)	['bɑːnəˌbɑːn]
netos (pl)	barnebarn (n pl)	['bɑːnəˌbɑːn]
tio (m)	onkel (m)	['ʊnkəl]
tia (f)	tante (m/f)	['tɑntə]
sobrinho (m)	nevø (m)	[ne'vø]
sobrinha (f)	niese (m/f)	[ni'esə]
sogra (f)	svigermor (m/f)	['sviɡərˌmʊr]
sogro (m)	svigerfar (m)	['sviɡərˌfɑr]
genro (m)	svigersønn (m)	['sviɡərˌsœn]
madrasta (f)	stemor (m/f)	['steˌmʊr]
padrasto (m)	stefar (m)	['steˌfɑr]
criança (f) de colo	brystbarn (n)	['brʏstˌbɑːn]
bebé (m)	spedbarn (n)	['speˌbɑːn]
menino (m)	lite barn (n)	['litə 'bɑːn]
mulher (f)	kone (m/f)	['kʊnə]
marido (m)	mann (m)	['mɑn]
esposo (m)	ektemann (m)	['ɛktəˌmɑn]
esposa (f)	hustru (m)	['hʉstrʉ]
casado	gift	['jift]
casada	gift	['jift]
solteiro	ugift	[ʉ'jift]
solteirão (m)	ungkar (m)	['ʉŋˌkɑr]
divorciado	fraskilt	['frɑˌʂilt]
viúva (f)	enke (m)	['ɛnkə]
viúvo (m)	enkemann (m)	['ɛnkəˌmɑn]
parente (m)	slektning (m)	['ʂlektniŋ]
parente (m) próximo	nær slektning (m)	['nær 'slektniŋ]
parente (m) distante	fjern slektning (m)	['fjæːn 'slektniŋ]
parentes (m pl)	slektninger (m pl)	['ʂlektniŋər]
órfão (m), órfã (f)	foreldreløst barn (n)	[fɔr'ɛldrəløst ˌbɑːn]
tutor (m)	formynder (m)	['fɔrˌmʏnər]
adotar (um filho)	å adoptere	[ɔ adɔp'terə]
adotar (uma filha)	å adoptere	[ɔ adɔp'terə]

Medicina

47. Doenças

doença (f)	sykdom (m)	['sʏk‚dɔm]
estar doente	å være syk	[ɔ 'væɾə 'syk]
saúde (f)	helse (m/f)	['hɛlsə]
nariz (m) a escorrer	snue (m)	['snʉə]
amigdalite (f)	angina (m)	[an'gina]
constipação (f)	forkjølelse (m)	[fɔr'çœləlsə]
constipar-se (vr)	å forkjøle seg	[ɔ fɔr'çœlə sæj]
bronquite (f)	bronkitt (m)	[brɔn'kit]
pneumonia (f)	lungebetennelse (m)	['lʉŋə be'tɛnəlsə]
gripe (f)	influensa (m)	[inflʉ'ɛnsa]
míope	nærsynt	['næ‚sʏnt]
presbita	langsynt	['laŋsʏnt]
estrabismo (m)	skjeløydhet (m)	['ʂɛløjd‚het]
estrábico	skjeløyd	['ʂɛl‚øjd]
catarata (f)	grå stær, katarakt (m)	['grɔ ‚stær], [kata'rakt]
glaucoma (m)	glaukom (n)	[glaʊ'kɔm]
AVC (m), apoplexia (f)	hjerneslag (n)	['jæːɳə‚slag]
ataque (m) cardíaco	infarkt (n)	[in'farkt]
enfarte (m) do miocárdio	myokardieinfarkt (n)	['miɔ'kardiə in'farkt]
paralisia (f)	paralyse, lammelse (m)	['para'lyse], ['laməlsə]
paralisar (vt)	å lamme	[ɔ 'lamə]
alergia (f)	allergi (m)	[alæː'gi]
asma (f)	astma (m)	['astma]
diabetes (f)	diabetes (m)	[dia'betəs]
dor (f) de dentes	tannpine (m/f)	['tan‚pinə]
cárie (f)	karies (m)	['karies]
diarreia (f)	diaré (m)	[dia'rɛ]
prisão (f) de ventre	forstoppelse (m)	[fɔ'ʂtɔpəlsə]
desarranjo (m) intestinal	magebesvær (m)	['magə‚be'svær]
intoxicação (f) alimentar	matforgiftning (m/f)	['mat‚fɔr'jiftniŋ]
intoxicar-se	å få matforgiftning	[ɔ 'fɔ mat‚fɔr'jiftniŋ]
artrite (f)	artritt (m)	[aːt'rit]
raquitismo (m)	rakitt (m)	[ra'kit]
reumatismo (m)	revmatisme (m)	[revma'tisme]
arteriosclerose (f)	arteriosklerose (m)	[aː'tɛriʊskle‚rʊse]
gastrite (f)	magekatarr, gastritt (m)	['magəka‚tar], [‚ga'strit]
apendicite (f)	appendisitt (m)	[apɛndi'sit]

colecistite (f)	galleblærebetennelse (m)	['gɑlə‚blærə be'tɛnəlsə]
úlcera (f)	magesår (n)	['mɑgə‚sɔr]
sarampo (m)	meslinger (m pl)	['mɛs‚liŋər]
rubéola (f)	røde hunder (m pl)	['rødə 'hʉnər]
iterícia (f)	gulsott (m/f)	['gʉl‚sʊt]
hepatite (f)	hepatitt (m)	[hepɑ'tit]
esquizofrenia (f)	schizofreni (m)	[ʂisʉfre'ni]
raiva (f)	rabies (m)	['rɑbiəs]
neurose (f)	nevrose (m)	[nev'rʊsə]
comoção (f) cerebral	hjernerystelse (m)	['jæ:ɳə‚rʏstəlsə]
cancro (m)	kreft, cancer (m)	['krɛft], ['kɑnsər]
esclerose (f)	sklerose (m)	[skle'rʊsə]
esclerose (f) múltipla	multippel sklerose (m)	[mʉl'tipəl skle'rʊsə]
alcoolismo (m)	alkoholisme (m)	[ɑlkʊhʊ'lismə]
alcoólico (m)	alkoholiker (m)	[ɑlkʊ'hʊlikər]
sífilis (f)	syfilis (m)	['syfilis]
SIDA (f)	AIDS, aids (m)	['ɛjds]
tumor (m)	svulst, tumor (m)	['svʉlst], [tʉ'mʊr]
maligno	ondartet, malign	['ʊn‚ɑ:ʈət], [mɑ'lign]
benigno	godartet	['gʊ‚ɑ:ʈət]
febre (f)	feber (m)	['febər]
malária (f)	malaria (m)	[mɑ'lɑriɑ]
gangrena (f)	koldbrann (m)	['kɔlbrɑn]
enjoo (m)	sjøsyke (m)	['ʂø‚sykə]
epilepsia (f)	epilepsi (m)	[ɛpilep'si]
epidemia (f)	epidemi (m)	[ɛpide'mi]
tifo (m)	tyfus (m)	['tyfʉs]
tuberculose (f)	tuberkulose (m)	[tʉbærkʉ'lɔsə]
cólera (f)	kolera (m)	['kʊlerɑ]
peste (f)	pest (m)	['pɛst]

48. Sintomas. Tratamentos. Parte 1

sintoma (m)	symptom (n)	[sʏmp'tʊm]
temperatura (f)	temperatur (m)	[tɛmpərɑ'tʉr]
febre (f)	høy temperatur (m)	['høj tɛmpərɑ'tʉr]
pulso (m)	puls (m)	['pʉls]
vertigem (f)	svimmelhet (m)	['svimǝl‚het]
quente (testa, etc.)	varm	['vɑrm]
calafrio (m)	skjelving (m/f)	['ʂɛlviŋ]
pálido	blek	['blek]
tosse (f)	hoste (m)	['hʊstə]
tossir (vi)	å hoste	[ɔ 'hʊstə]
espirrar (vi)	å nyse	[ɔ 'nysə]
desmaio (m)	besvimelse (m)	[bɛ'svimǝlsə]

desmaiar (vi)	å besvime	[ɔ be'svimə]
nódoa (f) negra	blåmerke (n)	['blɔˌmærkə]
galo (m)	bule (m)	['bʉlə]
magoar-se (vr)	å slå seg	[ɔ 'ʂlo sæj]
pisadura (f)	blåmerke (n)	['blɔˌmærkə]
aleijar-se (vr)	å slå seg	[ɔ 'ʂlo sæj]
coxear (vi)	å halte	[ɔ 'haltə]
deslocação (f)	forvridning (m)	[fɔr'vridniŋ]
deslocar (vt)	å forvri	[ɔ fɔr'vri]
fratura (f)	brudd (n), fraktur (m)	['brʉd], [frak'tʉr]
fraturar (vt)	å få brudd	[ɔ 'fɔ 'brʉd]
corte (m)	skjæresår (n)	['ʂæːrəˌsɔr]
cortar-se (vr)	å skjære seg	[ɔ 'ʂæːrə sæj]
hemorragia (f)	blødning (m/f)	['blødniŋ]
queimadura (f)	brannsår (n)	['branˌsɔr]
queimar-se (vr)	å brenne seg	[ɔ 'brɛnə sæj]
picar (vt)	å stikke	[ɔ 'stikə]
picar-se (vr)	å stikke seg	[ɔ 'stikə sæj]
lesionar (vt)	å skade	[ɔ 'skadə]
lesão (m)	skade (n)	['skadə]
ferida (f), ferimento (m)	sår (n)	['sɔr]
trauma (m)	traume (m)	['traʊmə]
delirar (vi)	å snakke i villelse	[ɔ 'snakə i 'viləlsə]
gaguejar (vi)	å stamme	[ɔ 'stamə]
insolação (f)	solstikk (n)	['sʊlˌstik]

49. Sintomas. Tratamentos. Parte 2

dor (f)	smerte (m)	['smæːtə]
farpa (no dedo)	flis (m/f)	['flis]
suor (m)	svette (m)	['svɛtə]
suar (vi)	å svette	[ɔ 'svɛtə]
vómito (m)	oppkast (n)	['ɔpˌkast]
convulsões (f pl)	kramper (m pl)	['krampər]
grávida	gravid	[gra'vid]
nascer (vi)	å fødes	[ɔ 'fødə]
parto (m)	fødsel (m)	['føtsəl]
dar à luz	å føde	[ɔ 'fødə]
aborto (m)	abort (m)	[a'bɔːt]
respiração (f)	åndedrett (n)	['ɔŋdəˌdrɛt]
inspiração (f)	innånding (m/f)	['inˌɔniŋ]
expiração (f)	utånding (m/f)	['ʉtˌɔndiŋ]
expirar (vi)	å puste ut	[ɔ 'pʉstə ʉt]
inspirar (vi)	å ånde inn	[ɔ 'ɔndə ˌin]
inválido (m)	handikappet person (m)	['handiˌkapət pæ'ʂʊn]
aleijado (m)	krøpling (m)	['krøpliŋ]

toxicodependente (m)	narkoman (m)	[nɑrkʉˈmɑn]
surdo	døv	[ˈdøv]
mudo	stum	[ˈstʉm]
surdo-mudo	døvstum	[ˈdøfˌstʉm]

louco (adj.)	gal	[ˈgɑl]
louco (m)	gal mann (m)	[ˈgɑlˌmɑn]
louca (f)	gal kvinne (m/f)	[ˈgɑlˌkvinə]
ficar louco	å bli sinnssyk	[ɔ ˈbli ˈsinˌsyk]

gene (m)	gen (m)	[ˈgen]
imunidade (f)	immunitet (m)	[imʉniˈtet]
hereditário	arvelig	[ˈɑrvəli]
congénito	medfødt	[ˈmeːˌføt]

vírus (m)	virus (m)	[ˈvirʉs]
micróbio (m)	mikrobe (m)	[miˈkrʉbə]
bactéria (f)	bakterie (m)	[bɑkˈteriə]
infeção (f)	infeksjon (m)	[infɛkˈʂʉn]

50. Sintomas. Tratamentos. Parte 3

hospital (m)	sykehus (n)	[ˈsykəˌhʉs]
paciente (m)	pasient (m)	[pɑsiˈɛnt]

diagnóstico (m)	diagnose (m)	[diɑˈgnʉsə]
cura (f)	kur (m)	[ˈkʉr]
tratamento (m) médico	behandling (m/f)	[beˈhɑndliŋ]
curar-se (vr)	å bli behandlet	[ɔ ˈbli beˈhɑndlət]
tratar (vt)	å behandle	[ɔ beˈhɑndlə]
cuidar (pessoa)	å skjøtte	[ɔ ˈʂøtə]
cuidados (m pl)	sykepleie (m/f)	[ˈsykəˌplæjə]

operação (f)	operasjon (m)	[ɔpərɑˈʂʉn]
enfaixar (vt)	å forbinde	[ɔ fɔrˈbinə]
enfaixamento (m)	forbinding (m)	[fɔrˈbiniŋ]

vacinação (f)	vaksinering (m/f)	[vɑksiˈneriŋ]
vacinar (vt)	å vaksinere	[ɔ vɑksiˈnerə]
injeção (f)	injeksjon (m), sprøyte (m/f)	[injɛkˈʂʉn], [ˈsprøjtə]
dar uma injeção	å gi en sprøyte	[ɔ ˈji en ˈsprøjtə]

ataque (~ de asma, etc.)	anfall (n)	[ˈɑnˌfɑl]
amputação (f)	amputasjon (m)	[ɑmpʉtɑˈʂʉn]
amputar (vt)	å amputere	[ɔ ɑmpʉˈterə]
coma (f)	koma (m)	[ˈkʉmɑ]
estar em coma	å ligge i koma	[ɔ ˈligə i ˈkʉmɑ]
reanimação (f)	intensivavdeling (m/f)	[ˈintenˌsiv ˈɑvˌdeliŋ]

recuperar-se (vr)	å bli frisk	[ɔ ˈbli ˈfrisk]
estado (~ de saúde)	tilstand (m)	[ˈtilˌstɑn]
consciência (f)	bevissthet (m)	[beˈvistˌhet]
memória (f)	minne (n), hukommelse (m)	[ˈminə], [hʉˈkɔməlsə]
tirar (vt)	å trekke ut	[ɔ ˈtrɛkə ʉt]

| chumbo (m), obturação (f) | fylling (m/f) | ['fʏliŋ] |
| chumbar, obturar (vt) | å plombere | [ɔ plʉm'berə] |

| hipnose (f) | hypnose (m) | [hʏp'nʊsə] |
| hipnotizar (vt) | å hypnotisere | [ɔ hʏpnʊti'serə] |

51. Médicos

médico (m)	lege (m)	['legə]
enfermeira (f)	sykepleierske (m/f)	['sykə,plæjeşkə]
médico (m) pessoal	personlig lege (m)	[pæ'şʉnli 'legə]

dentista (m)	tannlege (m)	['tɑn,legə]
oculista (m)	øyelege (m)	['øjə,legə]
terapeuta (m)	terapeut (m)	[terɑ'pɛʉt]
cirurgião (m)	kirurg (m)	[çi'rʉrg]

psiquiatra (m)	psykiater (m)	[syki'ɑtər]
pediatra (m)	barnelege (m)	['bɑːŋə,legə]
psicólogo (m)	psykolog (m)	[sykʉ'lɔg]
ginecologista (m)	gynekolog (m)	[gynekʉ'lɔg]
cardiologista (m)	kardiolog (m)	[kɑːdiʉ'lɔg]

52. Medicina. Drogas. Acessórios

medicamento (m)	medisin (m)	[medi'sin]
remédio (m)	middel (n)	['midəl]
receitar (vt)	å ordinere	[ɔ ɔrdi'nerə]
receita (f)	resept (m)	[re'sɛpt]

comprimido (m)	tablett (m)	[tɑb'let]
pomada (f)	salve (m/f)	['sɑlvə]
ampola (f)	ampulle (m)	[ɑm'pʉlə]
preparado (m)	mikstur (m)	[miks'tʉr]
xarope (m)	sirup (m)	['sirʉp]
cápsula (f)	pille (m/f)	['pilə]
remédio (m) em pó	pulver (n)	['pʉlvər]

ligadura (f)	gasbind (n)	['gɑs,bin]
algodão (m)	vatt (m/n)	['vɑt]
iodo (m)	jod (m/n)	['ʉd]

penso (m) rápido	plaster (n)	['plɑstər]
conta-gotas (m)	pipette (m)	[pi'pɛtə]
termómetro (m)	termometer (n)	[tɛrmʉ'metər]
seringa (f)	sprøyte (m/f)	['sprøjtə]

| cadeira (f) de rodas | rullestol (m) | ['rʉlə,stʊl] |
| muletas (f pl) | krykker (m/f pl) | ['krʏkər] |

| analgésico (m) | smertestillende middel (n) | ['smæːṭə,stilenə 'midəl] |
| laxante (m) | laksativ (n) | [lɑksɑ'tiv] |

álcool (m) etílico	**sprit** (m)	['sprit]
ervas (f pl) medicinais	**legeurter** (m/f pl)	['legəˌʉːtər]
de ervas (chá ~)	**urte-**	['ʉːtə-]

HABITAT HUMANO

Cidade

53. Cidade. Vida na cidade

cidade (f)	by (m)	['by]
capital (f)	hovedstad (m)	['hʊvəd͵stad]
aldeia (f)	landsby (m)	['lans͵by]

mapa (m) da cidade	bykart (n)	['by͵kɑːʈ]
centro (m) da cidade	sentrum (n)	['sɛntrum]
subúrbio (m)	forstad (m)	['fɔ͵stad]
suburbano	forstads-	['fɔ͵stads-]

periferia (f)	utkant (m)	['ʉt͵kant]
arredores (m pl)	omegner (m pl)	['ɔm͵æjnər]
quarteirão (m)	kvarter (n)	[kvɑːʈer]
quarteirão (m) residencial	boligkvarter (n)	['bʊli͵kvɑːˈʈer]

tráfego (m)	trafikk (m)	[trɑˈfik]
semáforo (m)	trafikklys (n)	[trɑˈfik͵lys]
transporte (m) público	offentlig transport (m)	['ɔfentli transˈpɔːʈ]
cruzamento (m)	veikryss (n)	['væjkrʏs]

passadeira (f)	fotgjengerovergang (m)	['fʊtjɛŋer 'ɔvər͵gaŋ]
passagem (f) subterrânea	undergang (m)	['ʉnər͵gaŋ]
cruzar, atravessar (vt)	å gå over	[ɔ 'gɔ 'ɔvər]
peão (m)	fotgjenger (m)	['fʊtjɛŋer]
passeio (m)	fortau (n)	['fɔː͵taʉ]

ponte (f)	bro (m/f)	['brʊ]
margem (f) do rio	kai (m/f)	['kaj]
fonte (f)	fontene (m)	['fʊntnə]

alameda (f)	allé (m)	[ɑˈleː]
parque (m)	park (m)	['park]
bulevar (m)	bulevard (m)	[buleˈvar]
praça (f)	torg (n)	['tɔr]
avenida (f)	aveny (m)	[aveˈny]
rua (f)	gate (m/f)	['gatə]
travessa (f)	sidegate (m/f)	['sidə͵gatə]
beco (m) sem saída	blindgate (m/f)	['blin͵gatə]

casa (f)	hus (n)	['hʉs]
edifício, prédio (m)	bygning (m/f)	['bygniŋ]
arranha-céus (m)	skyskraper (m)	['ṣy͵skrapər]
fachada (f)	fasade (m)	[fɑˈsadə]
telhado (m)	tak (n)	['tak]

janela (f)	vindu (n)	['vindʉ]
arco (m)	bue (m)	['bʉ:ə]
coluna (f)	søyle (m)	['søjlə]
esquina (f)	hjørne (n)	['jœ:ɳə]
montra (f)	utstillingsvindu (n)	['ʉtˌstiliŋs 'vindʉ]
letreiro (m)	skilt (n)	['ʂilt]
cartaz (m)	plakat (m)	[plɑ'kɑt]
cartaz (m) publicitário	reklameplakat (m)	[rɛ'klɑməˌplɑ'kɑt]
painel (m) publicitário	reklametavle (m/f)	[rɛ'klɑməˌtɑvlə]
lixo (m)	søppel (m/f/n), avfall (n)	['sœpəl], ['ɑvˌfɑl]
cesta (f) do lixo	søppelkasse (m/f)	['sœpəlˌkɑsə]
jogar lixo na rua	å kaste søppel	[ɔ 'kɑstə 'sœpəl]
aterro (m) sanitário	søppelfylling (m/f), deponi (n)	['sœpəlˌfʏliŋ], [ˌdepɔ'ni]
cabine (f) telefónica	telefonboks (m)	[tele'fʊnˌbɔks]
candeeiro (m) de rua	lyktestolpe (m)	['lʏktəˌstɔlpə]
banco (m)	benk (m)	['bɛŋk]
polícia (m)	politi (m)	[pʊli'ti]
polícia (instituição)	politi (n)	[pʊli'ti]
mendigo (m)	tigger (m)	['tigər]
sem-abrigo (m)	hjemløs	['jɛmˌløs]

54. Instituições urbanas

loja (f)	forretning, butikk (m)	[fɔ'rɛtniŋ], [bʉ'tik]
farmácia (f)	apotek (n)	[ɑpʊ'tek]
ótica (f)	optikk (m)	[ɔp'tik]
centro (m) comercial	kjøpesenter (n)	['çœpəˌsɛntər]
supermercado (m)	supermarked (n)	['sʉpəˌmɑrket]
padaria (f)	bakeri (n)	[bɑke'ri]
padeiro (m)	baker (m)	['bɑkər]
pastelaria (f)	konditori (n)	[kʊnditɔ'ri]
mercearia (f)	matbutikk (m)	['mɑtbʉˌtik]
talho (m)	slakterbutikk (m)	['ʂlɑktəbʉˌtik]
loja (f) de legumes	grønnsaksbutikk (m)	['grœnˌsɑks bʉ'tik]
mercado (m)	marked (n)	['mɑrkəd]
café (m)	kafé, kaffebar (m)	[kɑ'fe], ['kɑfəˌbɑr]
restaurante (m)	restaurant (m)	[rɛstʊ'rɑŋ]
bar (m), cervejaria (f)	pub (m)	['pʉb]
pizzaria (f)	pizzeria (m)	[pitsə'riɑ]
salão (m) de cabeleireiro	frisørsalong (m)	[fri'sør sɑˌlɔŋ]
correios (m pl)	post (m)	['pɔst]
lavandaria (f)	renseri (n)	[rɛnse'ri]
estúdio (m) fotográfico	fotostudio (n)	['fotɔˌstʉdiɔ]
sapataria (f)	skobutikk (m)	['skʊˌbʉ'tik]
livraria (f)	bokhandel (m)	['bʊkˌhɑndəl]

loja (f) de artigos de desporto	idrettsbutikk (m)	['idrɛts bʉ'tik]
reparação (f) de roupa	reparasjon (m) av klær	[repɑrɑ'ʂʉn ɑː ˌklær]
aluguer (m) de roupa	leie (m/f) av klær	['læjə ɑː ˌklær]
aluguer (m) de filmes	filmutleie (m/f)	['filmˌʉt'læje]
circo (m)	sirkus (m/n)	['sirkʉs]
jardim (m) zoológico	zoo, dyrepark (m)	['sʉː], [dyrə'pɑrk]
cinema (m)	kino (m)	['çinʉ]
museu (m)	museum (n)	[mʉ'seum]
biblioteca (f)	bibliotek (n)	[bibliʉ'tek]
teatro (m)	teater (n)	[te'ɑtər]
ópera (f)	opera (m)	['ʉperɑ]
clube (m) noturno	nattklubb (m)	['nɑtˌklʉb]
casino (m)	kasino (n)	[kɑ'sinʉ]
mesquita (f)	moské (m)	[mʉ'ske]
sinagoga (f)	synagoge (m)	[synɑ'gʉgə]
catedral (f)	katedral (m)	[kɑte'drɑl]
templo (m)	tempel (n)	['tɛmpəl]
igreja (f)	kirke (m/f)	['çirkə]
instituto (m)	institutt (n)	[insti'tʉt]
universidade (f)	universitet (n)	[ʉnivæʂi'tet]
escola (f)	skole (m/f)	['skʉlə]
prefeitura (f)	prefektur (n)	[prɛfɛk'tʉr]
câmara (f) municipal	rådhus (n)	['rɔdˌhʉs]
hotel (m)	hotell (n)	[hʉ'tɛl]
banco (m)	bank (m)	['bɑnk]
embaixada (f)	ambassade (m)	[ɑmbɑ'sɑdə]
agência (f) de viagens	reisebyrå (n)	['ræjsə byˌro]
agência (f) de informações	opplysningskontor (n)	[ɔp'lysniŋs kʉn'tʉr]
casa (f) de câmbio	vekslingskontor (n)	['vɛkʂliŋs kʉn'tʉr]
metro (m)	tunnelbane, T-bane (m)	['tʉnəlˌbɑnə], ['tɛːˌbɑnə]
hospital (m)	sykehus (n)	['sykəˌhʉs]
posto (m) de gasolina	bensinstasjon (m)	[bɛn'sinˌstɑ'ʂʉn]
parque (m) de estacionamento	parkeringsplass (m)	[pɑr'keriŋsˌplɑs]

55. Sinais

letreiro (m)	skilt (n)	['ʂilt]
inscrição (f)	innskrift (m/f)	['inˌskrift]
cartaz, póster (m)	plakat, poster (m)	['plɑˌkɑt], ['pɔstər]
sinal (m) informativo	veiviser (m)	['væjˌvisər]
seta (f)	pil (m/f)	['pil]
aviso (advertência)	advarsel (m)	['ɑdˌvɑʂəl]
sinal (m) de aviso	varselskilt (n)	['vɑʂəlˌʂilt]
avisar, advertir (vt)	å varsle	[ɔ 'vɑʂlə]
dia (m) de folga	fridag (m)	['friˌdɑ]

horário (m)	rutetabell (m)	['rʉtəˌtɑˈbɛl]
horário (m) de funcionamento	åpningstider (m/f pl)	[ˈɔpniŋsˌtidər]
BEM-VINDOS!	VELKOMMEN!	[ˈvɛlˌkɔmən]
ENTRADA	INNGANG	[ˈinˌgɑŋ]
SAÍDA	UTGANG	[ˈʉtˌgɑŋ]
EMPURRE	SKYV	[ˈʂyv]
PUXE	TREKK	[ˈtrɛk]
ABERTO	ÅPENT	[ˈɔpənt]
FECHADO	STENGT	[ˈstɛnt]
MULHER	DAMER	[ˈdɑmər]
HOMEM	HERRER	[ˈhærər]
DESCONTOS	RABATT	[rɑˈbɑt]
SALDOS	SALG	[ˈsɑlg]
NOVIDADE!	NYTT!	[ˈnʏt]
GRÁTIS	GRATIS	[ˈgrɑtis]
ATENÇÃO!	FORSIKTIG!	[fʊˈʂiktə]
NÃO HÁ VAGAS	INGEN LEDIGE ROM	[ˈiŋən ˈlediə rʊm]
RESERVADO	RESERVERT	[resɛrˈvɛːt]
ADMINISTRAÇÃO	ADMINISTRASJON	[administrɑˈʂʊn]
SOMENTE PESSOAL AUTORIZADO	KUN FOR ANSATTE	[ˈkʉn fɔr anˈsɑtə]
CUIDADO CÃO FEROZ	VOKT DEM FOR HUNDEN	[ˈvɔkt dem fɔ ˈhʉnən]
PROIBIDO FUMAR!	RØYKING FORBUDT	[ˈrøjkiŋ forˈbʉt]
NÃO TOCAR	IKKE RØR!	[ˈikə ˈrør]
PERIGOSO	FARLIG	[ˈfɑːli]
PERIGO	FARE	[ˈfɑrə]
ALTA TENSÃO	HØYSPENNING	[ˈhøjˌspɛniŋ]
PROIBIDO NADAR	BADING FORBUDT	[ˈbɑdiŋ forˈbʉt]
AVARIADO	I USTAND	[i ˈʉˌstɑn]
INFLAMÁVEL	BRANNFARLIG	[ˈbrɑnˌfɑːli]
PROIBIDO	FORBUDT	[forˈbʉt]
ENTRADA PROIBIDA	INGEN INNKJØRING	[ˈiŋən ˈinˌçœriŋ]
CUIDADO TINTA FRESCA	NYMALT	[ˈnʏˌmɑlt]

56. Transportes urbanos

autocarro (m)	buss (m)	[ˈbʉs]
elétrico (m)	trikk (m)	[ˈtrik]
troleicarro (m)	trolleybuss (m)	[ˈtroliˌbʉs]
itinerário (m)	rute (m/f)	[ˈrʉtə]
número (m)	nummer (n)	[ˈnʉmər]
ir de … (carro, etc.)	å kjøre med …	[ɔ ˈçœːrə me …]
entrar (~ no autocarro)	å gå på …	[ɔ ˈgɔ pɔ …]
descer de …	å gå av …	[ɔ ˈgɔ ɑː …]

paragem (f)	holdeplass (m)	['hɔlə‚plas]
próxima paragem (f)	neste holdeplass (m)	['nɛstə 'hɔlə‚plas]
ponto (m) final	endestasjon (m)	['ɛnə‚sta'ʂʉn]
horário (m)	rutetabell (m)	['rʉtə‚ta'bɛl]
esperar (vt)	å vente	[ɔ 'vɛntə]
bilhete (m)	billett (m)	[bi'let]
custo (m) do bilhete	billettpris (m)	[bi'let‚pris]
bilheteiro (m)	kasserer (m)	[ka'serər]
controlo (m) dos bilhetes	billettkontroll (m)	[bi'let kʉn‚trɔl]
revisor (m)	billett inspektør (m)	[bi'let inspɛk'tør]
atrasar-se (vr)	å komme for sent	[ɔ 'kɔmə fɔ'ʂɛnt]
perder (o autocarro, etc.)	å komme for sent til ...	[ɔ 'kɔmə fɔ'ʂɛnt til ...]
estar com pressa	å skynde seg	[ɔ 'ʂynə sæj]
táxi (m)	drosje (m/f), taxi (m)	['drɔʂɛ], ['taksi]
taxista (m)	taxisjåfør (m)	['taksi ʂo'før]
de táxi (ir ~)	med taxi	[me 'taksi]
praça (f) de táxis	taxiholdeplass (m)	['taksi 'hɔlə‚plas]
chamar um táxi	å taxi bestellen	[ɔ 'taksi be'stɛlən]
apanhar um táxi	å ta taxi	[ɔ 'ta ‚taksi]
tráfego (m)	trafikk (m)	[tra'fik]
engarrafamento (m)	trafikkork (m)	[tra'fik‚kɔrk]
horas (f pl) de ponta	rushtid (m/f)	['rʉʂ‚tid]
estacionar (vi)	å parkere	[ɔ par'kerə]
estacionar (vt)	å parkere	[ɔ par'kerə]
parque (m) de estacionamento	parkeringsplass (m)	[par'keriŋs‚plas]
metro (m)	tunnelbane, T-bane (m)	['tʉnəl‚banə], ['tɛː‚banə]
estação (f)	stasjon (m)	[sta'ʂʉn]
ir de metro	å kjøre med T-bane	[ɔ 'çœːrə me 'tɛː‚banə]
comboio (m)	tog (n)	['tɔg]
estação (f)	togstasjon (m)	['tɔg‚sta'ʂʉn]

57. Turismo

monumento (m)	monument (n)	[mɔnʉ'mɛnt]
fortaleza (f)	festning (m/f)	['fɛstniŋ]
palácio (m)	palass (n)	[pɑ'las]
castelo (m)	borg (m)	['bɔrg]
torre (f)	tårn (n)	['tɔːɳ]
mausoléu (m)	mausoleum (n)	[maʉsʉ'leum]
arquitetura (f)	arkitektur (m)	[arkitɛk'tʉr]
medieval	middelalderlig	['midəl‚aldɛːli]
antigo	gammel	['gaməl]
nacional	nasjonal	[naʂʉ'nal]
conhecido	kjent	['çɛnt]
turista (m)	turist (m)	[tʉ'rist]
guia (pessoa)	guide (m)	['gajd]

excursão (f)	utflukt (m/f)	['ʉtˌflʉkt]
mostrar (vt)	å vise	[ɔ 'visə]
contar (vt)	å fortelle	[ɔ fɔː'ʈɛlə]

encontrar (vt)	å finne	[ɔ 'finə]
perder-se (vr)	å gå seg bort	[ɔ 'gɔ sæj 'bʉːt]
mapa (~ do metrô)	kart, linjekart (n)	['kɑːt], ['linjə'kɑːt]
mapa (~ da cidade)	kart (n)	['kɑːt]

lembrança (f), presente (m)	suvenir (m)	[sʉve'nir]
loja (f) de presentes	suvenirbutikk (m)	[sʉve'nir bʉ'tik]
fotografar (vt)	å fotografere	[ɔ fotɔgrɑ'ferə]
fotografar-se	å bli fotografert	[ɔ 'bli fotɔgrɑ'fɛːt]

58. Compras

comprar (vt)	å kjøpe	[ɔ 'çœːpə]
compra (f)	innkjøp (n)	['inˌçœp]
fazer compras	å gå shopping	[ɔ 'gɔ ˌʂɔpiŋ]
compras (f pl)	shopping (m)	['ʂɔpiŋ]

| estar aberta (loja, etc.) | å være åpen | [ɔ 'værə 'ɔpən] |
| estar fechada | å være stengt | [ɔ 'værə 'stɛŋt] |

calçado (m)	skotøy (n)	['skʉtøj]
roupa (f)	klær (n)	['klær]
cosméticos (m pl)	kosmetikk (m)	[kʉsme'tik]
alimentos (m pl)	matvarer (m/f pl)	['mɑtˌvɑrər]
presente (m)	gave (m/f)	['gɑvə]

| vendedor (m) | forselger (m) | [fɔ'ʂɛlər] |
| vendedora (f) | forselger (m) | [fɔ'ʂɛlər] |

caixa (f)	kasse (m/f)	['kɑsə]
espelho (m)	speil (n)	['spæjl]
balcão (m)	disk (m)	['disk]
cabine (f) de provas	prøverom (n)	['prøvəˌrʉm]

provar (vt)	å prøve	[ɔ 'prøvə]
servir (vi)	å passe	[ɔ 'pɑsə]
gostar (apreciar)	å like	[ɔ 'likə]

preço (m)	pris (m)	['pris]
etiqueta (f) de preço	prislapp (m)	['prisˌlɑp]
custar (vt)	å koste	[ɔ 'kɔstə]
Quanto?	Hvor mye?	[vʉr 'mye]
desconto (m)	rabatt (m)	[rɑ'bɑt]

não caro	billig	['bili]
barato	billig	['bili]
caro	dyr	['dyr]
É caro	Det er dyrt	[de ær 'dyːt]
aluguer (m)	utleie (m/f)	['ʉtˌlæje]
alugar (vestidos, etc.)	å leie	[ɔ 'læjə]

crédito (m)	kreditt (m)	[krɛ'dit]
a crédito	på kreditt	[pɔ krɛ'dit]

59. Dinheiro

dinheiro (m)	penger (m pl)	['pɛŋər]
câmbio (m)	veksling (m/f)	['vɛkʂliŋ]
taxa (f) de câmbio	kurs (m)	['kʉʂ]
Caixa Multibanco (m)	minibank (m)	['mini,bɑnk]
moeda (f)	mynt (m)	['mʏnt]
dólar (m)	dollar (m)	['dɔlɑr]
euro (m)	euro (m)	['ɛʉrʉ]
lira (f)	lira (m)	['lire]
marco (m)	mark (m/f)	['mɑrk]
franco (m)	franc (m)	['frɑn]
libra (f) esterlina	pund sterling (m)	['pʉn stɛː'liŋ]
iene (m)	yen (m)	['jɛn]
dívida (f)	skyld (m/f), gjeld (m)	['ʂyl], ['jɛl]
devedor (m)	skyldner (m)	['ʂylnər]
emprestar (vt)	å låne ut	[ɔ 'loːnə ʉt]
pedir emprestado	å låne	[ɔ 'loːnə]
banco (m)	bank (m)	['bɑnk]
conta (f)	konto (m)	['kɔntʉ]
depositar (vt)	å sette inn	[ɔ 'sɛtə in]
depositar na conta	å sette inn på kontoen	[ɔ 'sɛtə in pɔ 'kɔntʉən]
levantar (vt)	å ta ut fra kontoen	[ɔ 'tɑ ʉt frɑ 'kɔntʉən]
cartão (m) de crédito	kredittkort (n)	[krɛ'dit,kɔːt]
dinheiro (m) vivo	kontanter (m pl)	[kʉn'tɑntər]
cheque (m)	sjekk (m)	['ʂɛk]
passar um cheque	å skrive en sjekk	[ɔ 'skrivə en 'ʂɛk]
livro (m) de cheques	sjekkbok (m/f)	['ʂɛk,bʉk]
carteira (f)	lommebok (m)	['lʉmə,bʉk]
porta-moedas (m)	pung (m)	['pʉŋ]
cofre (m)	safe, seif (m)	['sɛjf]
herdeiro (m)	arving (m)	['ɑrviŋ]
herança (f)	arv (m)	['ɑrv]
fortuna (riqueza)	formue (m)	['fɔr,mʉə]
arrendamento (m)	leie (m)	['læje]
renda (f) de casa	husleie (m/f)	['hʉs,læje]
alugar (vt)	å leie	[ɔ 'læje]
preço (m)	pris (m)	['pris]
custo (m)	kostnad (m)	['kɔstnɑd]
soma (f)	sum (m)	['sʉm]
gastar (vt)	å bruke	[ɔ 'brʉkə]
gastos (m pl)	utgifter (m/f pl)	['ʉt,jiftər]

economizar (vi)	å spare	[ɔ 'spɑrə]
económico	sparsom	['spɑʂɔm]
pagar (vt)	å betale	[ɔ be'tɑlə]
pagamento (m)	betaling (m/f)	[be'tɑliŋ]
troco (m)	vekslepenger (pl)	['vɛkʂlə‚pɛŋər]
imposto (m)	skatt (m)	['skɑt]
multa (f)	bot (m/f)	['bʊt]
multar (vt)	å bøtelegge	[ɔ 'bøtə‚legə]

60. Correios. Serviço postal

correios (m pl)	post (m)	['pɔst]
correio (m)	post (m)	['pɔst]
carteiro (m)	postbud (n)	['pɔst‚bʉd]
horário (m)	åpningstider (m/f pl)	['ɔpniŋs‚tidər]
carta (f)	brev (n)	['brev]
carta (f) registada	rekommandert brev (n)	[rekʊmɑn'dɛ:ʈ ‚brev]
postal (m)	postkort (n)	['pɔst‚kɔ:ʈ]
telegrama (m)	telegram (n)	[tele'grɑm]
encomenda (f) postal	postpakke (m/f)	['pɔst‚pɑkə]
remessa (f) de dinheiro	pengeoverføring (m/f)	['pɛŋə 'ɔvər‚føriŋ]
receber (vt)	å motta	[ɔ 'mɔtɑ]
enviar (vt)	å sende	[ɔ 'sɛnə]
envio (m)	avsending (m)	['ɑf‚sɛniŋ]
endereço (m)	adresse (m)	[ɑ'drɛsə]
código (m) postal	postnummer (n)	['pɔst‚nʉmər]
remetente (m)	avsender (m)	['ɑf‚sɛnər]
destinatário (m)	mottaker (m)	['mɔt‚tɑkər]
nome (m)	fornavn (n)	['fɔr‚nɑvn]
apelido (m)	etternavn (n)	['ɛtə‚nɑvn]
tarifa (f)	tariff (m)	[tɑ'rif]
ordinário	vanlig	['vɑnli]
económico	økonomisk	[økʊ'nɔmisk]
peso (m)	vekt (m)	['vɛkt]
pesar (estabelecer o peso)	å veie	[ɔ 'væje]
envelope (m)	konvolutt (m)	[kʊnvʊ'lʉt]
selo (m)	frimerke (n)	['fri‚mærkə]
colar o selo	å sette på frimerke	[ɔ 'sɛtə pɔ 'fri‚mærkə]

Moradia. Casa. Lar

61. Casa. Eletricidade

eletricidade (f)	elektrisitet (m)	[ɛlektrisi'tet]
lâmpada (f)	lyspære (m/f)	['lys̩pærə]
interruptor (m)	strømbryter (m)	['strøm̩brytər]
fusível (m)	sikring (m)	['sikriŋ]
fio, cabo (m)	ledning (m)	['ledniŋ]
instalação (f) elétrica	ledningsnett (n)	['ledniŋs̩nɛt]
contador (m) de eletricidade	elmåler (m)	['ɛl̩molər]
indicação (f), registo (m)	avlesninger (m/f pl)	['ɑv̩lesniŋər]

62. Moradia. Mansão

casa (f) de campo	fritidshus (n)	['fritids̩hʉs]
vila (f)	villa (m)	['vilɑ]
ala (~ do edifício)	fløy (m)	['fløj]
jardim (m)	hage (m)	['hɑgə]
parque (m)	park (m)	['pɑrk]
estufa (f)	drivhus (n)	['driv̩hʉs]
cuidar de ...	å ta vare	[ɔ 'tɑ ˌvɑrə]
piscina (f)	svømmebasseng (n)	['svœməˌbɑ'sɛŋ]
ginásio (m)	gym (m)	['dʒym]
campo (m) de ténis	tennisbane (m)	['tɛnis̩bɑnə]
cinema (m)	hjemmekino (m)	['jɛməˌçinʉ]
garagem (f)	garasje (m)	[gɑ'rɑʂə]
propriedade (f) privada	privateiendom (m)	[pri'vɑt 'æjəndɔm]
terreno (m) privado	privat terreng (n)	[pri'vɑt tɛ'rɛŋ]
advertência (f)	advarsel (m)	['ɑd̩vɑʂəl]
sinal (m) de aviso	varselskilt (n)	['vɑʂəl̩ʂilt]
guarda (f)	sikkerhet (m/f)	['sikər̩het]
guarda (m)	sikkerhetsvakt (m/f)	['sikərhɛts̩vɑkt]
alarme (m)	tyverialarm (m)	[tyve'ri ɑ'lɑrm]

63. Apartamento

apartamento (m)	leilighet (m/f)	['læjli̩het]
quarto (m)	rom (n)	['rʊm]
quarto (m) de dormir	soverom (n)	['sɔvə̩rʊm]

sala (f) de jantar	spisestue (m/f)	['spisəˌstʉə]
sala (f) de estar	dagligstue (m/f)	['dɑgliˌstʉə]
escritório (m)	arbeidsrom (n)	['ɑrbæjdsˌrʊm]
antessala (f)	entré (m)	[ɑn'trɛ:]
quarto (m) de banho	bad, baderom (n)	['bɑd], ['bɑdəˌrʊm]
toilette (lavabo)	toalett, WC (n)	[tʊɑ'let], [vɛ'sɛ]
teto (m)	tak (n)	['tɑk]
chão, soalho (m)	gulv (n)	['gʉlv]
canto (m)	hjørne (n)	['jœ:ɳə]

64. Mobiliário. Interior

mobiliário (m)	møbler (n pl)	['møblər]
mesa (f)	bord (n)	['bʊr]
cadeira (f)	stol (m)	['stʊl]
cama (f)	seng (m/f)	['sɛŋ]
divã (m)	sofa (m)	['sʊfɑ]
cadeirão (m)	lenestol (m)	['lenəˌstʊl]
estante (f)	bokskap (n)	['bʊkˌskɑp]
prateleira (f)	hylle (m/f)	['hylə]
guarda-vestidos (m)	klesskap (n)	['kleˌskɑp]
cabide (m) de parede	knaggbrett (n)	['knɑgˌbrɛt]
cabide (m) de pé	stumtjener (m)	['stʉmˌtjenər]
cómoda (f)	kommode (m)	[kʊ'mʊdə]
mesinha (f) de centro	kaffebord (n)	['kɑfəˌbʊr]
espelho (m)	speil (n)	['spæjl]
tapete (m)	teppe (n)	['tɛpə]
tapete (m) pequeno	lite teppe (n)	['litə 'tɛpə]
lareira (f)	peis (m), ildsted (n)	['pæjs], ['ilsted]
vela (f)	lys (n)	['lys]
castiçal (m)	lysestake (m)	['lysəˌstɑkə]
cortinas (f pl)	gardiner (m/f pl)	[gɑ:'dinər]
papel (m) de parede	tapet (n)	[tɑ'pet]
estores (f pl)	persienne (m)	[pæʂi'enə]
candeeiro (m) de mesa	bordlampe (m/f)	['bʊrˌlɑmpə]
candeeiro (m) de parede	vegglampe (m/f)	['vɛgˌlɑmpə]
candeeiro (m) de pé	gulvlampe (m/f)	['gʉlvˌlɑmpə]
lustre (m)	lysekrone (m/f)	['lysəˌkrʊnə]
pé (de mesa, etc.)	bein (n)	['bæjn]
braço (m)	armlene (n)	['ɑrmˌlene]
costas (f pl)	rygg (m)	['ryg]
gaveta (f)	skuff (m)	['skʉf]

65. Quarto de dormir

roupa (f) de cama	sengetøy (n)	['sɛŋəˌtøj]
almofada (f)	pute (m/f)	['pʉtə]
fronha (f)	putevar, putetrekk (n)	['pʉtəˌvɑr], ['pʉtəˌtrɛk]
cobertor (m)	dyne (m/f)	['dynə]
lençol (m)	laken (n)	['lɑkən]
colcha (f)	sengeteppe (n)	['sɛŋəˌtɛpə]

66. Cozinha

cozinha (f)	kjøkken (n)	['çœkən]
gás (m)	gass (m)	['gɑs]
fogão (m) a gás	gasskomfyr (m)	['gɑs kɔmˌfyr]
fogão (m) elétrico	elektrisk komfyr (m)	[ɛ'lektrisk kɔmˌfyr]
forno (m)	bakeovn (m)	['bɑkəˌɔvn]
forno (m) de micro-ondas	mikrobølgeovn (m)	['mikrʉˌbølgə'ɔvn]
frigorífico (m)	kjøleskap (n)	['çœləˌskɑp]
congelador (m)	fryser (m)	['frysər]
máquina (f) de lavar louça	oppvaskmaskin (m)	['ɔpvɑsk mɑˌʂin]
moedor (m) de carne	kjøttkvern (m/f)	['çœtˌkvɛːn̩]
espremedor (m)	juicepresse (m/f)	['dʒʉsˌprɛsə]
torradeira (f)	brødrister (m)	['brøˌristər]
batedeira (f)	mikser (m)	['miksər]
máquina (f) de café	kaffetrakter (m)	['kɑfəˌtrɑktər]
cafeteira (f)	kaffekanne (m/f)	['kɑfəˌkɑnə]
moinho (m) de café	kaffekvern (m/f)	['kɑfəˌkvɛːn̩]
chaleira (f)	tekjele (m)	['teˌçelə]
bule (m)	tekanne (m/f)	['teˌkɑnə]
tampa (f)	lokk (n)	['lɔk]
coador (m) de chá	tesil (m)	['teˌsil]
colher (f)	skje (m)	['ʂe]
colher (f) de chá	teskje (m)	['teˌʂe]
colher (f) de sopa	spiseskje (m)	['spisəˌʂɛ]
garfo (m)	gaffel (m)	['gɑfəl]
faca (f)	kniv (m)	['kniv]
louça (f)	servise (n)	[sær'visə]
prato (m)	tallerken (m)	[tɑ'lærkən]
pires (m)	tefat (n)	['teˌfɑt]
cálice (m)	shotglass (n)	['ʂɔtˌglɑs]
copo (m)	glass (n)	['glɑs]
chávena (f)	kopp (m)	['kɔp]
açucareiro (m)	sukkerskål (m/f)	['sʉkərˌskɔl]
saleiro (m)	saltbøsse (m/f)	['sɑltˌbøsə]
pimenteiro (m)	pepperbøsse (m/f)	['pɛpərˌbøsə]

manteigueira (f)	smørkopp (m)	['smœr‚kɔp]
panela, caçarola (f)	gryte (m/f)	['grytə]
frigideira (f)	steikepanne (m/f)	['stæjkə‚panə]
concha (f)	sleiv (m/f)	['ʂlæjv]
passador (m)	dørslag (n)	['dœʂlɑg]
bandeja (f)	brett (n)	['brɛt]
garrafa (f)	flaske (m)	['flɑskə]
boião (m) de vidro	glasskrukke (m/f)	['glɑs‚krʉkə]
lata (f)	boks (m)	['bɔks]
abre-garrafas (m)	flaskeåpner (m)	['flɑskə‚ɔpnər]
abre-latas (m)	konservåpner (m)	['kʉnsəv‚ɔpnər]
saca-rolhas (m)	korketrekker (m)	['kɔrkə‚trɛkər]
filtro (m)	filter (n)	['filtər]
filtrar (vt)	å filtrere	[ɔ fil'trerə]
lixo (m)	søppel (m/f/n)	['sœpəl]
balde (m) do lixo	søppelbøtte (m/f)	['sœpəl‚bœtə]

67. Casa de banho

quarto (m) de banho	bad, baderom (n)	['bɑd], ['bɑdə‚rʉm]
água (f)	vann (n)	['vɑn]
torneira (f)	kran (m/f)	['krɑn]
água (f) quente	varmt vann (n)	['varmt ‚vɑn]
água (f) fria	kaldt vann (n)	['kɑlt vɑn]
pasta (f) de dentes	tannpasta (m)	['tɑn‚pɑstɑ]
escovar os dentes	å pusse tennene	[ɔ 'pʉsə 'tɛnənə]
escova (f) de dentes	tannbørste (m)	['tɑn‚bœʂtə]
barbear-se (vr)	å barbere seg	[ɔ bɑr'berə sæj]
espuma (f) de barbear	barberskum (n)	[bɑr'bɛ‚skʉm]
máquina (f) de barbear	høvel (m)	['høvəl]
lavar (vt)	å vaske	[ɔ 'vɑskə]
lavar-se (vr)	å vaske seg	[ɔ 'vɑskə sæj]
duche (m)	dusj (m)	['dʉʂ]
tomar um duche	å ta en dusj	[ɔ 'tɑ en 'dʉʂ]
banheira (f)	badekar (n)	['bɑdə‚kɑr]
sanita (f)	toalettstol (m)	[tʉɑ'let‚stʉl]
lavatório (m)	vaskeservant (m)	['vɑskə‚sɛr'vɑnt]
sabonete (m)	såpe (m/f)	['so:pə]
saboneteira (f)	såpeskål (m/f)	['so:pə‚skɔl]
esponja (f)	svamp (m)	['svɑmp]
champô (m)	sjampo (m)	['ʂɑm‚pʉ]
toalha (f)	håndkle (n)	['hɔn‚kle]
roupão (m) de banho	badekåpe (m/f)	['bɑdə‚ko:pə]
lavagem (f)	vask (m)	['vɑsk]
máquina (f) de lavar	vaskemaskin (m)	['vɑskə mɑ‚ʂin]

| lavar a roupa | å vaske tøy | [ɔ 'vaskə 'tøj] |
| detergente (m) | vaskepulver (n) | ['vaskə͵pʉlvər] |

68. Eletrodomésticos

televisor (m)	TV (m), TV-apparat (n)	['tɛvɛ], ['tɛvɛ apɑ'rɑt]
gravador (m)	båndopptaker (m)	['bɔn͵ɔptɑkər]
videogravador (m)	video (m)	['videʉ]
rádio (m)	radio (m)	['rɑdiʉ]
leitor (m)	spiller (m)	['spilər]

projetor (m)	videoprojektor (m)	['videʉ prɔ'jɛktɔr]
cinema (m) em casa	hjemmekino (m)	['jɛmə͵çinʉ]
leitor (m) de DVD	DVD-spiller (m)	[deve'de ͵spilər]
amplificador (m)	forsterker (m)	[fɔ'ʂtærkər]
console (f) de jogos	spillkonsoll (m)	['spil kʉn'sɔl]

câmara (f) de vídeo	videokamera (n)	['videʉ ͵kɑmerɑ]
máquina (f) fotográfica	kamera (n)	['kɑmerɑ]
câmara (f) digital	digitalkamera (n)	[digi'tɑl ͵kɑmerɑ]

aspirador (m)	støvsuger (m)	['støf͵sʉgər]
ferro (m) de engomar	strykejern (n)	['strykə jæːɳ]
tábua (f) de engomar	strykebrett (n)	['strykə͵brɛt]

telefone (m)	telefon (m)	[tele'fʉn]
telemóvel (m)	mobiltelefon (m)	[mʉ'bil tele'fʉn]
máquina (f) de escrever	skrivemaskin (m)	['skrive mɑ͵ʂin]
máquina (f) de costura	symaskin (m)	['siːmɑ͵ʂin]

microfone (m)	mikrofon (m)	[mikrʉ'fʉn]
auscultadores (m pl)	hodetelefoner (n pl)	['hɔdətele͵fʉnər]
controlo remoto (m)	fjernkontroll (m)	['fjæːɳ kʉn'trɔl]

CD (m)	CD-rom (m)	['sɛdɛ͵rʉm]
cassete (f)	kassett (m)	[kɑ'sɛt]
disco (m) de vinil	plate, skive (m/f)	['plɑtə], ['ʂive]

ATIVIDADES HUMANAS

Emprego. Negócios. Parte 1

69. Escritório. O trabalho no escritório

escritório (~ de advogados)	kontor (n)	[kʊn'tʊr]
escritório (do diretor, etc.)	kontor (n)	[kʊn'tʊr]
receção (f)	resepsjon (m)	[resɛp'ʂʊn]
secretário (m)	sekretær (m)	[sɛkrə'tær]
secretária (f)	sekretær (m)	[sɛkrə'tær]
diretor (m)	direktør (m)	[dirɛk'tør]
gerente (m)	manager (m)	['mɛnidʒər]
contabilista (m)	regnskapsfører (m)	['rɛjnskaps‚fører]
empregado (m)	ansatt (n)	['an‚sat]
mobiliário (m)	møbler (n pl)	['møblər]
mesa (f)	bord (n)	['bʊr]
cadeira (f)	arbeidsstol (m)	['arbæjds‚stʊl]
bloco (m) de gavetas	skuffeseksjon (m)	['skʉfə‚sɛk'ʂʊn]
cabide (m) de pé	stumtjener (m)	['stʉm‚tjenər]
computador (m)	datamaskin (m)	['data ma‚ʂin]
impressora (f)	skriver (m)	['skrivər]
fax (m)	faks (m)	['faks]
fotocopiadora (f)	kopimaskin (m)	[kʊ'pi ma‚ʂin]
papel (m)	papir (n)	[pa'pir]
artigos (m pl) de escritório	kontorartikler (m pl)	[kʊn'tʊr aː'tiklər]
tapete (m) de rato	musematte (m/f)	['mʉsə‚matə]
folha (f) de papel	ark (n)	['ark]
pasta (f)	mappe (m/f)	['mapə]
catálogo (m)	katalog (m)	[kata'lɔg]
diretório (f) telefónico	telefonkatalog (m)	[tele'fʊn kata'lɔg]
documentação (f)	dokumentasjon (m)	[dɔkʉmɛnta'ʂʊn]
brochura (f)	brosjyre (m)	[brɔ'ʂyrə]
flyer (m)	reklameblad (n)	[rɛ'klamə‚bla]
amostra (f)	prøve (m)	['prøvə]
formação (f)	trening (m/f)	['treniŋ]
reunião (f)	møte (n)	['møtə]
hora (f) de almoço	lunsj pause (m)	['lʉnʂ ‚paʊsə]
fazer uma cópia	å lage en kopi	[ɔ 'lagə en kʊ'pi]
tirar cópias	å kopiere	[ɔ kʊ'pjerə]
receber um fax	å motta faks	[ɔ 'mɔta ‚faks]
enviar um fax	å sende faks	[ɔ 'sɛnə ‚faks]

fazer uma chamada	å ringe	[ɔ 'riŋə]
responder (vt)	å svare	[ɔ 'svɑrə]
passar (vt)	å sætte over til ...	[ɔ 'sætə 'ɔvər til ...]
marcar (vt)	å arrangere	[ɔ ɑrɑŋ'ʂerə]
demonstrar (vt)	å demonstrere	[ɔ demɔn'strerə]
estar ausente	å være fraværende	[ɔ 'værə 'frɑˌværənə]
ausência (f)	fravær (n)	['frɑˌvær]

70. Processos negociais. Parte 1

negócio (m)	bedrift, handel (m)	[be'drift], ['hɑndəl]
ocupação (f)	yrke (n)	['yrkə]
firma, empresa (f)	firma (n)	['firmɑ]
companhia (f)	foretak (n)	['fɔrəˌtɑk]
corporação (f)	korporasjon (m)	[kʉrpʉrɑ'ʂʉn]
empresa (f)	foretak (n)	['fɔrəˌtɑk]
agência (f)	agentur (n)	[ɑgɛn'tʉr]
acordo (documento)	avtale (m)	['ɑvˌtɑlə]
contrato (m)	kontrakt (m)	[kʉn'trɑkt]
acordo (transação)	avtale (m)	['ɑvˌtɑlə]
encomenda (f)	bestilling (m)	[be'stiliŋ]
cláusulas (f pl), termos (m pl)	vilkår (n)	['vilˌkɔːr]
por grosso (adv)	en gros	[ɛn 'grɔ]
por grosso (adj)	engros-	[ɛŋ'grɔ-]
venda (f) por grosso	engroshandel (m)	[ɛŋ'grɔˌhɑndəl]
a retalho	detalj-	[de'tɑlj-]
venda (f) a retalho	detaljhandel (m)	[de'tɑljˌhɑndəl]
concorrente (m)	konkurrent (m)	[kʉnkʉ'rɛnt]
concorrência (f)	konkurranse (m)	[kʉnkʉ'rɑnsə]
competir (vi)	å konkurrere	[ɔ kʉnkʉ'rerə]
sócio (m)	partner (m)	['pɑːʈnər]
parceria (f)	partnerskap (n)	['pɑːʈnəˌʂkɑp]
crise (f)	krise (m/f)	['krisə]
bancarrota (f)	fallitt (m)	[fɑ'lit]
entrar em falência	å gå konkurs	[ɔ 'gɔ kɔn'kʉʂ]
dificuldade (f)	vanskelighet (m)	['vɑnskəliˌhet]
problema (m)	problem (n)	[prʉ'blem]
catástrofe (f)	katastrofe (m)	[kɑtɑ'strɔfə]
economia (f)	økonomi (m)	[økʉnʉ'mi]
económico	økonomisk	[økʉ'nɔmisk]
recessão (f) económica	økonomisk nedgang (m)	[økʉ'nɔmisk 'nedˌgɑŋ]
objetivo (m)	mål (n)	['mɔl]
tarefa (f)	oppgave (m/f)	['ɔpˌgɑvə]
comerciar (vi, vt)	å handle	[ɔ 'hɑndlə]
rede (de distribuição)	nettverk (n)	['nɛtˌværk]

estoque (m)	lager (n)	['lagər]
sortimento (m)	sortiment (n)	[sɔːtiˈmɛn]
líder (m)	leder (m)	['ledər]
grande (~ empresa)	stor	['stʊr]
monopólio (m)	monopol (n)	[mʊnʊ'pɔl]
teoria (f)	teori (m)	[teʊ'ri]
prática (f)	praksis (m)	['praksis]
experiência (falar por ~)	erfaring (m/f)	[ærˈfɑriŋ]
tendência (f)	tendens (m)	[tɛn'dɛns]
desenvolvimento (m)	utvikling (m/f)	[ˈʉtˌvikliŋ]

71. Processos negociais. Parte 2

rentabilidade (f)	utbytte (n), fordel (m)	[ˈʉtˌbʏtə], [ˈfɔːdel]
rentável	fordelaktig	[fɔːdəlˈakti]
delegação (f)	delegasjon (m)	[delegaˈʂʊn]
salário, ordenado (m)	lønn (m/f)	['lœn]
corrigir (um erro)	å rette	[ɔ 'rɛtə]
viagem (f) de negócios	forretningsreise (m/f)	[fɔˈrɛtniŋsˌræjsə]
comissão (f)	provisjon (m)	[prʊviˈʂʊn]
controlar (vt)	å kontrollere	[ɔ kʊntrɔˈlerə]
conferência (f)	konferanse (m)	[kʊnfəˈrɑnsə]
licença (f)	lisens (m)	[liˈsɛns]
confiável	pålitelig	[pɔˈliteli]
empreendimento (m)	initiativ (n)	[initsiɑˈtiv]
norma (f)	norm (m)	['nɔrm]
circunstância (f)	omstendighet (m)	[ɔmˈstɛndiˌhet]
dever (m)	plikt (m/f)	['plikt]
empresa (f)	organisasjon (m)	[ɔrganisaˈʂʊn]
organização (f)	organisering (m)	[ɔrganiˈseriŋ]
organizado	organisert	[ɔrganiˈsɛːt]
anulação (f)	avlysning (m/f)	[ˈavˌlysniŋ]
anular, cancelar (vt)	å avlyse, å annullere	[ɔ ˈavˌlysə], [ɔ anʉˈlerə]
relatório (m)	rapport (m)	[raˈpɔːt]
patente (f)	patent (n)	[paˈtɛnt]
patentear (vt)	å patentere	[ɔ patenˈterə]
planear (vt)	å planlegge	[ɔ ˈplanˌlegə]
prémio (m)	gratiale (n)	[gratsiˈaːlə]
profissional	professionel	[prʊˈfɛsiɔˌnɛl]
procedimento (m)	prosedyre (m)	[prʉsəˈdyrə]
examinar (a questão)	å undersøke	[ɔ ˈʉnəˌsøkə]
cálculo (m)	beregning (m/f)	[beˈrɛjniŋ]
reputação (f)	rykte (n)	[ˈrʏktə]
risco (m)	risiko (m)	[ˈrisikʊ]
dirigir (~ uma empresa)	å styre, å lede	[ɔ ˈstyrə], [ɔ ˈledə]

informação (f)	opplysninger (m/f pl)	[ˈɔpˌlʏsniŋər]
propriedade (f)	eiendom (m)	[ˈæjənˌdɔm]
união (f)	forbund (n)	[ˈfɔrˌbʉn]

seguro (m) de vida	livsforsikring (m/f)	[ˈlifsfɔˌsikriŋ]
fazer um seguro	å forsikre	[ɔ fɔˈsikrə]
seguro (m)	forsikring (m/f)	[fɔˈsikriŋ]

leilão (m)	auksjon (m)	[aʉkˈʂʉn]
notificar (vt)	å underrette	[ɔ ˈʉnəˌrɛtə]
gestão (f)	ledelse (m)	[ˈledəlsə]
serviço (indústria de ~s)	tjeneste (m)	[ˈtjenɛstə]

fórum (m)	forum (n)	[ˈfɔrum]
funcionar (vi)	å fungere	[ɔ fʉˈŋerə]
estágio (m)	etappe (m)	[eˈtapə]
jurídico	juridisk	[jʉˈridisk]
jurista (m)	jurist (m)	[jʉˈrist]

72. Produção. Trabalhos

usina (f)	verk (n)	[ˈværk]
fábrica (f)	fabrikk (m)	[faˈbrik]
oficina (f)	verkstad (m)	[ˈværkˌstad]
local (m) de produção	produksjonsplass (m)	[prʉdʉkˈʂʉns ˌplas]

indústria (f)	industri (m)	[indʉˈstri]
industrial	industriell	[indʉstriˈɛl]
indústria (f) pesada	tungindustri (m)	[ˈtʉŋ ˌindʉˈstri]
indústria (f) ligeira	lettindustri (m)	[ˈletˌindʉˈstri]

produção (f)	produksjon (m)	[prʉdʉkˈʂʉn]
produzir (vt)	å produsere	[ɔ prʉdʉˈserə]
matérias-primas (f pl)	råstoffer (n pl)	[ˈrɔˌstɔfər]

chefe (m) de brigada	formann, bas (m)	[ˈfɔrman], [ˈbas]
brigada (f)	arbeidslag (n)	[ˈarbæjdsˌlag]
operário (m)	arbeider (m)	[ˈarˌbæjdər]

dia (m) de trabalho	arbeidsdag (m)	[ˈarbæjdsˌda]
pausa (f)	hvilepause (m)	[ˈviləˌpaʉse]
reunião (f)	møte (n)	[ˈmøtə]
discutir (vt)	å drøfte, å diskutere	[ɔ ˈdrœftə], [ɔ diskʉˈterə]

plano (m)	plan (m)	[ˈplan]
cumprir o plano	å oppfylle planen	[ɔ ˈɔpˌfʏlə ˈplanən]
taxa (f) de produção	produksjonsmål (n)	[prʉdʉkˈʂʉns ˌmol]
qualidade (f)	kvalitet (m)	[kvaliˈtɛt]
controlo (m)	kontroll (m)	[kʉnˈtrɔl]
controlo (m) da qualidade	kvalitetskontroll (m)	[kvaliˈtɛt kʉnˈtrɔl]

segurança (f) no trabalho	arbeidervern (n)	[ˈarbæjdərˌvæːɳ]
disciplina (f)	disiplin (m)	[disipˈlin]
infração (f)	brudd (n)	[ˈbrʉd]

violar (as regras)	å bryte	[ɔ 'brytə]
greve (f)	streik (m)	['stræjk]
grevista (m)	streiker (m)	['stræjkər]
estar em greve	å streike	[ɔ 'stræjkə]
sindicato (m)	fagforening (m/f)	['fɑgfɔˌreniŋ]

inventar (vt)	å oppfinne	[ɔ 'ɔpˌfinə]
invenção (f)	oppfinnelse (m)	['ɔpˌfinəlsə]
pesquisa (f)	forskning (m)	['fɔːʂkniŋ]
melhorar (vt)	å forbedre	[ɔ fɔr'bɛdrə]
tecnologia (f)	teknologi (m)	[tɛknʉlʉ'gi]
desenho (m) técnico	teknisk tegning (m/f)	['tɛknisk ˌtæjniŋ]

carga (f)	last (m/f)	['lɑst]
carregador (m)	lastearbeider (m)	['lɑstə'ɑrˌbæjdər]
carregar (vt)	å laste	[ɔ 'lɑstə]
carregamento (m)	lasting (m/f)	['lɑstiŋ]
descarregar (vt)	å lesse av	[ɔ 'lese ɑː]
descarga (f)	avlessing (m/f)	['ɑvˌlesiŋ]

transporte (m)	transport (m)	[trɑns'pɔːt]
companhia (f) de transporte	transportfirma (n)	[trɑns'pɔːt ˌfirmɑ]
transportar (vt)	å transportere	[ɔ trɑnspɔːˈʈerə]

vagão (m) de carga	godsvogn (m/f)	['gʉtsˌvɔŋn]
cisterna (f)	tank (m)	['tɑŋk]
camião (m)	lastebil (m)	['lɑstəˌbil]

máquina-ferramenta (f)	verktøymaskin (m)	['værktøj mɑˌʂin]
mecanismo (m)	mekanisme (m)	[mekɑ'nismə]

resíduos (m pl) industriais	industrielt avfall (n)	[indʉstri'ɛlt 'ɑvˌfɑl]
embalagem (f)	pakning (m/f)	['pɑkniŋ]
embalar (vt)	å pakke	[ɔ 'pɑkə]

73. Contrato. Acordo

contrato (m)	kontrakt (m)	[kʊn'trɑkt]
acordo (m)	avtale (m)	['ɑvˌtɑlə]
adenda (f), anexo (m)	tillegg, bilag (n)	['tiˌleg], ['biˌlɑg]

assinar o contrato	å inngå kontrakt	[ɔ 'inˌgɔ kʊn'trɑkt]
assinatura (f)	underskrift (m/f)	['ʉnəˌskrift]
assinar (vt)	å underskrive	[ɔ 'ʉnəˌskrivə]
carimbo (m)	stempel (n)	['stɛmpəl]

objeto (m) do contrato	kontraktens gjenstand (m)	[kʊn'trɑktəns 'jɛnˌstɑn]
cláusula (f)	klausul (m)	[klɑʉ'sʉl]
partes (f pl)	parter (m pl)	['pɑːʈər]
morada (f) jurídica	juridisk adresse (m/f)	[jʉ'ridisk ɑ'drɛsə]

violar o contrato	å bryte kontrakten	[ɔ 'brytə kʊn'trɑktən]
obrigação (f)	forpliktelse (m)	[fɔr'pliktəlsə]
responsabilidade (f)	ansvar (n)	['ɑnˌsvɑr]

força (f) maior force majeure (m) [ˌfɔrs maˈʒøːr]
litígio (m), disputa (f) tvist (m) [ˈtvist]
multas (f pl) straffeavgifter (m pl) [ˈstrafə avˈjiftər]

74. Importação & Exportação

importação (f) import (m) [imˈpɔːt]
importador (m) importør (m) [impɔːˈtør]
importar (vt) å importere [ɔ impɔːˈterə]
de importação import- [imˈpɔːt-]

exportação (f) eksport (m) [ɛksˈpɔːt]
exportador (m) eksportør (m) [ɛkspɔːˈtør]
exportar (vt) å eksportere [ɔ ɛkspɔːˈterə]
de exportação eksport- [ɛksˈpɔːt-]

mercadoria (f) vare (m/f) [ˈvarə]
lote (de mercadorias) parti (n) [paːˈti]

peso (m) vekt (m) [ˈvɛkt]
volume (m) volum (n) [vɔˈlʉm]
metro (m) cúbico kubikkmeter (m) [kʉˈbikˌmetər]

produtor (m) produsent (m) [prʉdʉˈsɛnt]
companhia (f) de transporte transportfirma (n) [transˈpɔːt ˌfirma]
contentor (m) container (m) [kɔnˈtɛjnər]

fronteira (f) grense (m/f) [ˈgrɛnsə]
alfândega (f) toll (m) [ˈtɔl]
taxa (f) alfandegária tollavgift (m) [ˈtɔl avˈjift]
funcionário (m) da alfândega tollbetjent (m) [ˈtɔlbeˌtjɛnt]
contrabando (atividade) smugling (m/f) [ˈsmʉgliŋ]
contrabando (produtos) smuglergods (n) [ˈsmʉgləˌguts]

75. Finanças

ação (f) aksje (m) [ˈakşə]
obrigação (f) obligasjon (m) [ɔbligaˈşun]
nota (f) promissória veksel (m) [ˈvɛksəl]

bolsa (f) børs (m) [ˈbœş]
cotação (m) das ações aksjekurs (m) [ˈakşəˌkuş]

tornar-se mais barato å gå ned [ɔ ˈgɔ ne]
tornar-se mais caro å gå opp [ɔ ˈgɔ ɔp]

parte (f) andel (m) [ˈanˌdel]
participação (f) maioritária aksjemajoritet (m) [ˈakşəˌmajoriˈtet]
investimento (m) investering (m/f) [inveˈsteriŋ]
investir (vt) å investere [ɔ inveˈsterə]
percentagem (f) prosent (m) [prʉˈsɛnt]
juros (m pl) rente (m/f) [ˈrɛntə]

lucro (m)	profitt (m), fortjeneste (m/f)	[prɔ'fit], [fɔːˈtjɛnɛstə]
lucrativo	profitabel	[prɔfi'tabəl]
imposto (m)	skatt (m)	['skɑt]
divisa (f)	valuta (m)	[vɑ'lʉtɑ]
nacional	nasjonal	[nɑʂʉ'nɑl]
câmbio (m)	veksling (m/f)	[ˈvɛkʂliŋ]
contabilista (m)	regnskapsfører (m)	[ˈrɛjnskɑpsˌførər]
contabilidade (f)	bokføring (m/f)	[ˈbʉkˈføriŋ]
bancarrota (f)	fallitt (m)	[fɑ'lit]
falência (f)	krakk (n)	['krɑk]
ruína (f)	ruin (m)	[rʉ'in]
arruinar-se (vr)	å ruinere seg	[ɔ rʉi'nerə sæj]
inflação (f)	inflasjon (m)	[inflɑ'ʂʉn]
desvalorização (f)	devaluering (m)	[devɑlʉ'eriŋ]
capital (m)	kapital (m)	[kɑpi'tɑl]
rendimento (m)	inntekt (m/f), innkomst (m)	[ˈinˌtɛkt], [ˈinˌkɔmst]
volume (m) de negócios	omsetning (m/f)	[ˈɔmˌsɛtniŋ]
recursos (m pl)	ressurser (m pl)	[re'sʉʂər]
recursos (m pl) financeiros	pengemidler (m pl)	[ˈpɛŋəˌmidlər]
despesas (f pl) gerais	faste utgifter (m/f pl)	[ˈfɑstə ˈʉtˌjiftər]
reduzir (vt)	å redusere	[ɔ redʉ'serə]

76. Marketing

marketing (m)	markedsføring (m/f)	[ˈmɑrkədsˌføriŋ]
mercado (m)	marked (n)	[ˈmɑrkəd]
segmento (m) do mercado	markedssegment (n)	[ˈmɑrkəds seg'mɛnt]
produto (m)	produkt (n)	[prʉ'dʉkt]
mercadoria (f)	vare (m/f)	[ˈvɑrə]
marca (f)	merkenavn (n)	[ˈmærkəˌnɑvn]
marca (f) comercial	varemerke (n)	[ˈvɑrəˌmærkə]
logotipo (m)	firmamerke (n)	[ˈfirmɑˌmærkə]
logo (m)	logo (m)	[ˈlugʉ]
demanda (f)	etterspørsel (m)	[ˈɛtəˌspœʂəl]
oferta (f)	tilbud (n)	[ˈtilˌbʉd]
necessidade (f)	behov (n)	[be'hʉv]
consumidor (m)	forbruker (m)	[fɔr'brʉkər]
análise (f)	analyse (m)	[ɑnɑ'lysə]
analisar (vt)	å analysere	[ɔ ɑnɑly'serə]
posicionamento (m)	posisjonering (m/f)	[pʉsiʂʉ'neriŋ]
posicionar (vt)	å posisjonere	[ɔ pʉsiʂʉ'nerə]
preço (m)	pris (m)	['pris]
política (f) de preços	prispolitikk (m)	['pris pʉli'tik]
formação (f) de preços	prisdannelse (m)	[ˈprisˌdɑnəlsə]

77. Publicidade

publicidade (f)	reklame (m)	[rɛ'klamə]
publicitar (vt)	å reklamere	[ɔ rɛkla'merə]
orçamento (m)	budsjett (n)	[bʉd'ʂɛt]
anúncio (m) publicitário	annonse (m)	[a'nɔnsə]
publicidade (f) televisiva	TV-reklame (m)	['tɛvɛ rɛ'klamə]
publicidade (f) na rádio	radioreklame (m)	['radiʉ rɛ'klamə]
publicidade (f) exterior	utendørsreklame (m)	['ʉtən͵dœʂ rɛ'klamə]
comunicação (f) de massa	massemedier (n pl)	['masə͵mediər]
periódico (m)	tidsskrift (n)	['tid͵skrift]
imagem (f)	image (m)	['imidʒ]
slogan (m)	slogan (n)	['slɔgan]
mote (m), divisa (f)	motto (n)	['mɔtʉ]
campanha (f)	kampanje (m)	[kam'panjə]
companha (f) publicitária	reklamekampanje (m)	[rɛ'klamə kam'panjə]
grupo (m) alvo	målgruppe (m/f)	['mɔːl͵grʉpə]
cartão (m) de visita	visittkort (n)	[vi'sit͵kɔːt]
flyer (m)	reklameblad (n)	[rɛ'klamə͵bla]
brochura (f)	brosjyre (m)	[brɔ'ʂyrə]
folheto (m)	folder (m)	['fɔlər]
boletim (~ informativo)	nyhetsbrev (n)	['nyhets͵brev]
letreiro (m)	skilt (n)	['ʂilt]
cartaz, póster (m)	plakat, poster (m)	['pla͵kat], ['pɔstər]
painel (m) publicitário	reklameskilt (m/f)	[rɛ'klamə͵ʂilt]

78. Banca

banco (m)	bank (m)	['baŋk]
sucursal, balcão (f)	avdeling (m)	['av͵deliŋ]
consultor (m)	konsulent (m)	[kʉnsʉ'lent]
gerente (m)	forstander (m)	[fɔ'ʂtandər]
conta (f)	bankkonto (m)	['baŋk͵kɔntʉ]
número (m) da conta	kontonummer (n)	['kɔntʉ͵nʉmər]
conta (f) corrente	sjekkonto (m)	['ʂɛk͵kɔntʉ]
conta (f) poupança	sparekonto (m)	['sparə͵kɔntʉ]
abrir uma conta	å åpne en konto	[ɔ 'ɔpnə en 'kɔntʉ]
fechar uma conta	å lukke kontoen	[ɔ 'lʉkə 'kɔntʉən]
depositar na conta	å sette inn på kontoen	[ɔ 'sɛtə in pɔ 'kɔntʉən]
levantar (vt)	å ta ut fra kontoen	[ɔ 'ta ʉt fra 'kɔntʉən]
depósito (m)	innskudd (n)	['in͵skʉd]
fazer um depósito	å sette inn	[ɔ 'sɛtə in]
transferência (f) bancária	overføring (m/f)	['ɔvər͵føriŋ]

transferir (vt)	å overføre	[ɔ 'ɔvər‚førə]
soma (f)	sum (m)	['sʉm]
Quanto?	Hvor mye?	[vʊr 'mye]
assinatura (f)	underskrift (m/f)	['ʉnə‚skrift]
assinar (vt)	å underskrive	[ɔ 'ʉnə‚skrivə]
cartão (m) de crédito	kredittkort (n)	[krɛ'dit‚kɔːʈ]
código (m)	kode (m)	['kʊdə]
número (m) do cartão de crédito	kredittkortnummer (n)	[krɛ'dit‚kɔːʈ 'nʉmər]
Caixa Multibanco (m)	minibank (m)	['mini‚bank]
cheque (m)	sjekk (m)	['ʂɛk]
passar um cheque	å skrive en sjekk	[ɔ 'skrivə en 'ʂɛk]
livro (m) de cheques	sjekkbok (m/f)	['ʂɛk‚bʊk]
empréstimo (m)	lån (n)	['lɔn]
pedir um empréstimo	å søke om lån	[ɔ ‚søkə ɔm 'lɔn]
obter um empréstimo	å få lån	[ɔ 'fɔ 'lɔn]
conceder um empréstimo	å gi lån	[ɔ 'ji 'lɔn]
garantia (f)	garanti (m)	[garan'ti]

79. Telefone. Conversação telefónica

telefone (m)	telefon (m)	[tele'fʊn]
telemóvel (m)	mobiltelefon (m)	[mʊ'bil tele'fʊn]
secretária (f) electrónica	telefonsvarer (m)	[tele'fʊn‚svarər]
fazer uma chamada	å ringe	[ɔ 'riŋə]
chamada (f)	telefonsamtale (m)	[tele'fʊn 'sam‚talə]
marcar um número	å slå et nummer	[ɔ 'ʂlɔ et 'nʉmər]
Alô!	Hallo!	[ha'lʊ]
perguntar (vt)	å spørre	[ɔ 'spørə]
responder (vt)	å svare	[ɔ 'svarə]
ouvir (vt)	å høre	[ɔ 'hørə]
bem	godt	['gɔt]
mal	dårlig	['doːli̩]
ruído (m)	støy (m)	['støj]
auscultador (m)	telefonrør (n)	[tele'fʊn‚rør]
pegar o telefone	å ta telefonen	[ɔ 'ta tele'fʊnən]
desligar (vi)	å legge på røret	[ɔ 'legə pɔ 'rørə]
ocupado	opptatt	['ɔp‚tat]
tocar (vi)	å ringe	[ɔ 'riŋə]
lista (f) telefónica	telefonkatalog (m)	[tele'fʊn kata'lɔg]
local	lokal-	[lo'kal-]
chamada (f) local	lokalsamtale (m)	[lo'kal 'sam‚talə]
de longa distância	riks-	['riks-]
chamada (f) de longa distância	rikssamtale (m)	['riks 'sam‚talə]

| internacional | internasjonal | ['intɛ:ŋɑʂʉˌnɑl] |
| chamada (f) internacional | internasjonal samtale (m) | ['intɛ:ŋɑʂʉˌnɑl 'samˌtɑlə] |

80. Telefone móvel

telemóvel (m)	mobiltelefon (m)	[mʊ'bil tele'fʊn]
ecrã (m)	skjerm (m)	['ʂærm]
botão (m)	knapp (m)	['knɑp]
cartão SIM (m)	SIM-kort (n)	['simˌkɔ:t]

bateria (f)	batteri (n)	[batɛ'ri]
descarregar-se	å bli utladet	[ɔ 'bli 'ʉtˌlɑdət]
carregador (m)	lader (m)	['lɑdər]

| menu (m) | meny (m) | [me'ny] |
| definições (f pl) | innstillinger (m/f pl) | ['inˌstiliŋər] |

| melodia (f) | melodi (m) | [melɔ'di] |
| escolher (vt) | å velge | [ɔ 'vɛlgə] |

calculadora (f)	regnemaskin (m)	['rɛjnə mɑˌʂin]
correio (m) de voz	telefonsvarer (m)	[tele'fʊnˌsvarər]
despertador (m)	vekkerklokka (m/f)	['vɛkərˌklɔkɑ]
contatos (m pl)	kontakter (m pl)	[kʊn'tɑktər]

| mensagem (f) de texto | SMS-beskjed (m) | [ɛsɛm'ɛs bɛˌʂɛ] |
| assinante (m) | abonnent (m) | [abɔ'nɛnt] |

81. Estacionário

| caneta (f) | kulepenn (m) | ['kʉ:ləˌpɛn] |
| caneta (f) tinteiro | fyllepenn (m) | ['fʏləˌpɛn] |

lápis (m)	blyant (m)	['blyˌɑnt]
marcador (m)	merkepenn (m)	['mærkəˌpɛn]
caneta (f) de feltro	tusjpenn (m)	['tʉʂˌpɛn]

| bloco (m) de notas | notatbok (m/f) | [nʊ'tɑtˌbʊk] |
| agenda (f) | dagbok (m/f) | ['dɑgˌbʊk] |

régua (f)	linjal (m)	[li'njɑl]
calculadora (f)	regnemaskin (m)	['rɛjnə mɑˌʂin]
borracha (f)	viskelær (n)	['viskəˌlær]

| pionés (m) | tegnestift (m) | ['tæjnəˌstift] |
| clipe (m) | binders (m) | ['bindɛʂ] |

| cola (f) | lim (n) | ['lim] |
| agrafador (m) | stiftemaskin (m) | ['stiftə mɑˌʂin] |

| furador (m) | hullemaskin (m) | ['hʉlə mɑˌʂin] |
| afia-lápis (m) | blyantspisser (m) | ['blyɑntˌspisər] |

82. Tipos de negócios

serviços (m pl) de contabilidade	bokføringstjenester (m pl)	['bʊkˌføriŋs 'tjɛnɛstər]
publicidade (f)	reklame (m)	[rɛ'klɑmə]
agência (f) de publicidade	reklamebyrå (n)	[rɛ'klɑmə byˌro]
ar (m) condicionado	klimaanlegg (n pl)	['klimɑ'ɑnˌlɛg]
companhia (f) aérea	flyselskap (n)	['flysəlˌskɑp]
bebidas (f pl) alcoólicas	alkoholholdige drikke (m pl)	[ɑlkʊ'hʊlˌhɔldiə 'drikə]
comércio (m) de antiguidades	antikviteter (m pl)	[ɑntikvi'tetər]
galeria (f) de arte	kunstgalleri (n)	['kʊnst gɑle'ri]
serviços (m pl) de auditoria	revisjonstjenester (m pl)	[revi'ʂʊnsˌtjɛnɛstər]
negócios (m pl) bancários	bankvirksomhet (m/f)	['bɑnkˌvirksɔmhet]
bar (m)	bar (m)	['bɑr]
salão (m) de beleza	skjønnhetssalong (m)	['ʂønhɛts sɑ'lɔŋ]
livraria (f)	bokhandel (m)	['bʊkˌhɑndəl]
cervejaria (f)	bryggeri (n)	[brʏge'ri]
centro (m) de escritórios	forretningssenter (n)	[fɔ'rɛtniŋsˌsɛntər]
escola (f) de negócios	handelsskole (m)	['hɑndəlsˌskʊlə]
casino (m)	kasino (n)	[kɑ'sinʊ]
construção (f)	byggeri (m/f)	[bʏge'ri]
serviços (m pl) de consultoria	konsulenttjenester (m pl)	[kʊnsu'lent ˌtjɛnɛstər]
estomatologia (f)	tannklinik (m)	['tɑnkli'nik]
design (m)	design (m)	['desɑjn]
farmácia (f)	apotek (n)	[ɑpʊ'tek]
lavandaria (f)	renseri (n)	[rɛnse'ri]
agência (f) de emprego	rekrutteringsbyrå (n)	['rekrʊˌteriŋs byˌro]
serviços (m pl) financeiros	finansielle tjenester (m pl)	[finɑn'sielə ˌtjɛnɛstər]
alimentos (m pl)	matvarer (m/f pl)	['mɑtˌvɑrər]
agência (f) funerária	begravelsesbyrå (n)	[be'grɑvəlsəs byˌro]
mobiliário (m)	møbler (n pl)	['møblər]
roupa (f)	klær (n)	['klær]
hotel (m)	hotell (n)	[hʊ'tɛl]
gelado (m)	iskrem (m)	['iskrɛm]
indústria (f)	industri (m)	[indʉ'stri]
seguro (m)	forsikring (m/f)	[fɔ'ʂikriŋ]
internet (f)	Internett	['intəˌnɛt]
investimento (m)	investering (m/f)	[inve'steriŋ]
joalheiro (m)	juveler (m)	[jʉ'velər]
joias (f pl)	smykker (n pl)	['smʏkər]
lavandaria (f)	vaskeri (n)	[vɑske'ri]
serviços (m pl) jurídicos	juridisk rådgiver (m pl)	[jʉ'ridisk 'rɔdjivər]
indústria (f) ligeira	lettindustri (m)	['letˌindʉ'stri]
revista (f)	magasin, tidsskrift (n)	[mɑgɑ'sin], ['tidˌskrift]
vendas (f pl) por catálogo	postordresalg (m)	['pɔstˌɔrdrə'sɑlg]
medicina (f)	medisin (m)	[medi'sin]
cinema (m)	kino (m)	['çinʊ]

museu (m)	museum (n)	[mʉ'seum]
agência (f) de notícias	nyhetsbyrå (n)	['nyhets by‚ro]
jornal (m)	avis (m/f)	[a'vis]
clube (m) noturno	nattklubb (m)	['nat‚klʉb]
petróleo (m)	olje (m)	['ɔljə]
serviço (m) de encomendas	budtjeneste (m)	[bʉd'tjenɛstə]
indústria (f) farmacêutica	legemidler (pl)	['legə'midlər]
poligrafia (f)	trykkeri (n)	[trʏkə'ri]
editora (f)	forlag (n)	['fɔ:lɑg]
rádio (m)	radio (m)	['rɑdiʊ]
imobiliário (m)	fast eiendom (m)	[‚fɑst 'æjən‚dɔm]
restaurante (m)	restaurant (m)	[rɛstʉ'rɑŋ]
empresa (f) de segurança	sikkerhetsselskap (n)	['sikərhɛts 'sel‚skɑp]
desporto (m)	sport, idrett (m)	['spɔ:t], ['idrɛt]
bolsa (f)	børs (m)	['bœʂ]
loja (f)	forretning, butikk (m)	[fɔ'rɛtniŋ], [bʉ'tik]
supermercado (m)	supermarked (n)	['sʉpə‚mɑrket]
piscina (f)	svømmebasseng (n)	['svœmə‚bɑ'sɛŋ]
alfaiataria (f)	skredderi (n)	[skrɛde'ri]
televisão (f)	televisjon (m)	['televi‚ʂʊn]
teatro (m)	teater (n)	[te'ɑtər]
comércio (atividade)	handel (m)	['hɑndəl]
serviços (m pl) de transporte	transport (m)	[trɑns'pɔ:t]
viagens (f pl)	turisme (m)	[tʉ'rismə]
veterinário (m)	dyrlege, veterinær (m)	['dyr‚legə], [veteri'nær]
armazém (m)	lager (n)	['lɑgər]
recolha (f) do lixo	avfallstømming (m/f)	['ɑvfɑls‚tømiŋ]

Emprego. Negócios. Parte 2

83. Espetáculo. Feira

feira (f)	messe (m/f)	['mɛsə]
feira (f) comercial	varemesse (m/f)	['varə‚mɛsə]
participação (f)	deltagelse (m)	['del‚tagəlsə]
participar (vi)	å delta	[ɔ 'dɛlta]
participante (m)	deltaker (m)	['del‚takər]
diretor (m)	direktør (m)	[dirɛk'tør]
direção (f)	arrangørkontor (m)	[araŋ'sør kʉn'tʉr]
organizador (m)	arrangør (m)	[araŋ'sør]
organizar (vt)	å organisere	[ɔ ɔrgani'serə]
ficha (f) de inscrição	påmeldingsskjema (n)	['pɔmeliŋs‚sɛma]
preencher (vt)	å utfylle	[ɔ 'ʉt‚fʏlə]
detalhes (m pl)	detaljer (m pl)	[de'taljər]
informação (f)	informasjon (m)	[infɔrma'ʂʉn]
preço (m)	pris (m)	['pris]
incluindo	inklusive	['inklʉ‚sivə]
incluir (vt)	å inkludere	[ɔ inklʉ'derə]
pagar (vt)	å betale	[ɔ be'talə]
taxa (f) de inscrição	registreringsavgift (m/f)	[rɛgi'strɛriŋs av'jift]
entrada (f)	inngang (m)	['in‚gaŋ]
pavilhão (m)	paviljong (m)	[pavi'ljɔŋ]
inscrever (vt)	å registrere	[ɔ regi'strerə]
crachá (m)	badge (n)	['bædʒ]
stand (m)	messestand (m)	['mɛsə‚stan]
reservar (vt)	å reservere	[ɔ resɛr'verə]
vitrina (f)	glassmonter (m)	['glas‚mɔntər]
foco, spot (m)	lampe (m/f), spotlys (n)	['lampə], ['spɔt‚lys]
design (m)	design (m)	['desajn]
pôr, colocar (vt)	å plassere	[ɔ pla'serə]
ser colocado, -a	å bli plasseret	[ɔ 'bli pla'serət]
distribuidor (m)	distributør (m)	[distribʉ'tør]
fornecedor (m)	leverandør (m)	[levəran'dør]
fornecer (vt)	å levere	[ɔ le'verə]
país (m)	land (n)	['lan]
estrangeiro	utenlandsk	['ʉtən‚lansk]
produto (m)	produkt (n)	[prʉ'dʉkt]
associação (f)	forening (m/f)	[fɔ'reniŋ]
sala (f) de conferências	konferansesal (m)	[kʉnfə'ransə‚sal]

| congresso (m) | kongress (m) | [kʉn'grɛs] |
| concurso (m) | tevling (m) | ['tɛvliŋ] |

visitante (m)	besøkende (m)	[be'søkenə]
visitar (vt)	å besøke	[ɔ be'søkə]
cliente (m)	kunde (m)	['kʉndə]

84. Ciência. Investigação. Cientistas

ciência (f)	vitenskap (m)	['vitən‚skap]
científico	vitenskapelig	['vitən‚skapəli]
cientista (m)	vitenskapsmann (m)	['vitən‚skaps man]
teoria (f)	teori (m)	[teʉ'ri]

axioma (m)	aksiom (n)	[aksi'ɔm]
análise (f)	analyse (m)	[ana'lysə]
analisar (vt)	å analysere	[ɔ analy'serə]
argumento (m)	argument (n)	[argʉ'mɛnt]
substância (f)	stoff (n), substans (m)	['stɔf], [sʉb'stans]

hipótese (f)	hypotese (m)	[hypʉ'tesə]
dilema (m)	dilemma (n)	[di'lema]
tese (f)	avhandling (m/f)	['av‚handliŋ]
dogma (m)	dogme (n)	['dɔgmə]

doutrina (f)	doktrine (m)	[dɔk'trinə]
pesquisa (f)	forskning (m)	['fɔːskniŋ]
pesquisar (vt)	å forske	[ɔ 'fɔːʂkə]
teste (m)	test (m), prøve (m/f)	['tɛst], ['prøve]
laboratório (m)	laboratorium (n)	[labʉra'tɔrium]

método (m)	metode (m)	[me'tɔdə]
molécula (f)	molekyl (n)	[mʉle'kyl]
monitoramento (m)	overvåking (m/f)	['ɔvər‚vɔkiŋ]
descoberta (f)	oppdagelse (m)	['ɔp‚dagəlsə]

postulado (m)	postulat (n)	[pɔstʉ'lat]
princípio (m)	prinsipp (n)	[prin'sip]
prognóstico (previsão)	prognose (m)	[prʉg'nʉsə]
prognosticar (vt)	å prognostisere	[ɔ prʉgnʉsti'serə]

síntese (f)	syntese (m)	[syn'tesə]
tendência (f)	tendens (m)	[tɛn'dɛns]
teorema (m)	teorem (n)	[teʉ'rɛm]

ensinamentos (m pl)	lære (m/f pl)	['lærə]
facto (m)	faktum (n)	['faktum]
expedição (f)	ekspedisjon (m)	[ɛkspedi'ʂʉn]
experiência (f)	eksperiment (n)	[ɛksperi'mɛnt]

académico (m)	akademiker (m)	[aka'demikər]
bacharel (m)	bachelor (m)	['batʂɛlɔr]
doutor (m)	doktor (m)	['dɔktʉr]
docente (m)	dosent (m)	[dʉ'sɛnt]

mestre (m)	**magister** (m)	[mɑˈgistər]
professor (m) catedrático	**professor** (m)	[prʊˈfɛsʊr]

Profissões e ocupações

85. Procura de emprego. Demissão

trabalho (m)	arbeid (n), jobb (m)	['ɑrbæj], ['job]
equipa (f)	ansatte (pl)	['anˌsatə]
pessoal (m)	personale (n)	[pæʂuˈnalə]
carreira (f)	karriere (m)	[kɑriˈɛrə]
perspetivas (f pl)	utsikter (m pl)	['ʉtˌsiktər]
mestria (f)	mesterskap (n)	['mɛstæˌʂkɑp]
seleção (f)	utvelgelse (m)	['ʉtˌvɛlgəlsə]
agência (f) de emprego	rekrutteringsbyrå (n)	['rekrʉˌteriŋgs byˌro]
CV, currículo (m)	CV (m/n)	['sɛvɛ]
entrevista (f) de emprego	jobbintervju (n)	['job ˌintərˈvjʉ]
vaga (f)	vakanse (m)	['vɑkɑnsə]
salário (m)	lønn (m/f)	['lœn]
salário (m) fixo	fastlønn (m/f)	['fastˌlœn]
pagamento (m)	betaling (m/f)	[beˈtɑliŋ]
posto (m)	stilling (m/f)	['stiliŋ]
dever (do empregado)	plikt (m/f)	['plikt]
gama (f) de deveres	arbeidsplikter (m/f pl)	['ɑrbæjdsˌpliktər]
ocupado	opptatt	['ɔpˌtɑt]
despedir, demitir (vt)	å avskjedige	[ɔ 'ɑfˌʂedigə]
demissão (f)	avskjedigelse (m)	['ɑfʂeˌdigəlsə]
desemprego (m)	arbeidsløshet (m)	['ɑrbæjdsløsˌhet]
desempregado (m)	arbeidsløs (m)	['ɑrbæjdsˌløs]
reforma (f)	pensjon (m)	[pɑnˈʂʉn]
reformar-se	å gå av med pensjon	[ɔ 'gɔ a: me pɑnˈʂʉn]

86. Gente de negócios

diretor (m)	direktør (m)	[dirɛkˈtør]
gerente (m)	forstander (m)	[fɔˈʂtɑndər]
patrão, chefe (m)	boss (m)	['bɔs]
superior (m)	overordnet (m)	['ɔvərˌɔrdnet]
superiores (m pl)	overordnede (pl)	['ɔvərˌɔrdnedə]
presidente (m)	president (m)	[prɛsiˈdɛnt]
presidente (m) de direção	styreformann (m)	['styrəˌfɔrmɑn]
substituto (m)	stedfortreder (m)	['stedfɔːˌtredər]
assistente (m)	assistent (m)	[ɑsiˈstɛnt]

Português	Norueguês	Pronúncia
secretário (m)	sekretær (m)	[sɛkrəˈtær]
secretário (m) pessoal	privatsekretær (m)	[priˈvɑt sɛkrəˈtær]

homem (m) de negócios	forretningsmann (m)	[fɔˈrɛtniŋsˌmɑn]
empresário (m)	entreprenør (m)	[ɛntreprəˈnør]
fundador (m)	grunnlegger (m)	[ˈgrʉnˌlegər]
fundar (vt)	å grunnlegge, å stifte	[ɔ ˈgrʉnˌlegə], [ɔ ˈstiftə]

fundador, sócio (m)	stifter (m)	[ˈstiftər]
parceiro, sócio (m)	partner (m)	[ˈpɑːtnər]
acionista (m)	aksjonær (m)	[ɑkʂʉˈnær]

milionário (m)	millionær (m)	[miljuˈnær]
bilionário (m)	milliardær (m)	[miljɑːˈdær]
proprietário (m)	eier (m)	[ˈæjər]
proprietário (m) de terras	jordeier (m)	[ˈjuːrˌæjər]

cliente (m)	kunde (m)	[ˈkʉndə]
cliente (m) habitual	fast kunde (m)	[ˌfɑst ˈkʉndə]
comprador (m)	kjøper (m)	[ˈçœːpər]
visitante (m)	besøkende (m)	[beˈsøkenə]

profissional (m)	yrkesmann (m)	[ˈyrkəsˌmɑn]
perito (m)	ekspert (m)	[ɛksˈpæːt]
especialista (m)	spesialist (m)	[spesiɑˈlist]

banqueiro (m)	bankier (m)	[bɑŋkiˈe]
corretor (m)	mekler, megler (m)	[ˈmɛklər]

caixa (m, f)	kasserer (m)	[kɑˈserər]
contabilista (m)	regnskapsfører (m)	[ˈrɛjnskɑpsˌførər]
guarda (m)	sikkerhetsvakt (m/f)	[ˈsikərhɛtsˌvɑkt]

investidor (m)	investor (m)	[inˈvɛstʉr]
devedor (m)	skyldner (m)	[ˈʂylnər]
credor (m)	kreditor (m)	[ˈkrɛditʉr]
mutuário (m)	låntaker (m)	[ˈlɔnˌtɑkər]

importador (m)	importør (m)	[impɔːˈtør]
exportador (m)	eksportør (m)	[ɛkspɔːˈtør]

produtor (m)	produsent (m)	[prʉdʉˈsɛnt]
distribuidor (m)	distributør (m)	[distribʉˈtør]
intermediário (m)	mellommann (m)	[ˈmɛlɔˌmɑn]

consultor (m)	konsulent (m)	[kʉnsʉˈlent]
representante (m)	representant (m)	[represɛnˈtɑnt]
agente (m)	agent (m)	[ɑˈgɛnt]
agente (m) de seguros	forsikringsagent (m)	[fɔˈʂikriŋs ɑˈgɛnt]

87. Profissões de serviços

cozinheiro (m)	kokk (m)	[ˈkʊk]
cozinheiro chefe (m)	sjefkokk (m)	[ˈʂɛfˌkʊk]

padeiro (m)	baker (m)	['bakər]
barman (m)	bartender (m)	['bɑːˌtɛndər]
empregado (m) de mesa	servitør (m)	['særvi'tør]
empregada (f) de mesa	servitrise (m/f)	[særvi'trisə]

advogado (m)	advokat (m)	[ɑdvʊ'kɑt]
jurista (m)	jurist (m)	[jʉ'rist]
notário (m)	notar (m)	[nʊ'tɑr]

eletricista (m)	elektriker (m)	[ɛ'lektrikər]
canalizador (m)	rørlegger (m)	['rørˌlegər]
carpinteiro (m)	tømmermann (m)	['tœmərˌmɑn]

massagista (m)	massør (m)	[mɑ'sør]
massagista (f)	massøse (m)	[mɑ'søsə]
médico (m)	lege (m)	['legə]

taxista (m)	taxisjåfør (m)	['tɑksi ʂo'før]
condutor (automobilista)	sjåfør (m)	[ʂo'før]
entregador (m)	bud (n)	['bʉd]

camareira (f)	stuepike (m/f)	['stʉəˌpikə]
guarda (m)	sikkerhetsvakt (m/f)	['sikərhɛtsˌvɑkt]
hospedeira (f) de bordo	flyvertinne (m/f)	[flyvɛː'tinə]

professor (m)	lærer (m)	['lærər]
bibliotecário (m)	bibliotekar (m)	[bibliʉ'tekɑr]
tradutor (m)	oversetter (m)	['ɔvəˌsɛtər]
intérprete (m)	tolk (m)	['tɔlk]
guia (pessoa)	guide (m)	['gɑjd]

cabeleireiro (m)	frisør (m)	[fri'sør]
carteiro (m)	postbud (n)	['pɔstˌbʉd]
vendedor (m)	forselger (m)	[fɔ'sɛlər]

jardineiro (m)	gartner (m)	['gɑːtnər]
criado (m)	tjener (m)	['tjenər]
criada (f)	tjenestepike (m/f)	['tjenɛstəˌpikə]
empregada (f) de limpeza	vaskedame (m/f)	['vɑskəˌdɑmə]

88. Profissões militares e postos

soldado (m) raso	menig (m)	['meni]
sargento (m)	sersjant (m)	[sær'ʂɑnt]
tenente (m)	løytnant (m)	['løjtˌnɑnt]
capitão (m)	kaptein (m)	[kɑp'tæjn]

major (m)	major (m)	[mɑ'jɔr]
coronel (m)	oberst (m)	['ʊbɛʂt]
general (m)	general (m)	[gene'rɑl]
marechal (m)	marskalk (m)	['mɑrʂɑl]
almirante (m)	admiral (m)	[ɑdmi'rɑl]
militar (m)	militær (m)	[mili'tær]
soldado (m)	soldat (m)	[sʊl'dɑt]

oficial (m)	offiser (m)	[ɔfi'sɛr]
comandante (m)	befalshaver (m)	[be'fals‚havər]
guarda (m) fronteiriço	grensevakt (m/f)	['grɛnsə‚vakt]
operador (m) de rádio	radiooperatør (m)	['radiʉ ʉpəra'tør]
explorador (m)	oppklaringssoldat (m)	['ɔp‚klariŋ sʉl'dat]
sapador (m)	pioner (m)	[piʉ'ner]
atirador (m)	skytter (m)	['ʂytər]
navegador (m)	styrmann (m)	['styr‚man]

89. Oficiais. Padres

rei (m)	konge (m)	['kʊŋə]
rainha (f)	dronning (m/f)	['drɔniŋ]
príncipe (m)	prins (m)	['prins]
princesa (f)	prinsesse (m/f)	[prin'sɛsə]
czar (m)	tsar (m)	['tsar]
czarina (f)	tsarina (m)	[tsa'rina]
presidente (m)	president (m)	[prɛsi'dɛnt]
ministro (m)	minister (m)	[mi'nistər]
primeiro-ministro (m)	statsminister (m)	['stats mi'nistər]
senador (m)	senator (m)	[se'natʉr]
diplomata (m)	diplomat (m)	[diplʉ'mat]
cônsul (m)	konsul (m)	['kʊn‚sʉl]
embaixador (m)	ambassadør (m)	[ambasa'dør]
conselheiro (m)	rådgiver (m)	['rɔd‚jivər]
funcionário (m)	embetsmann (m)	['ɛmbets‚man]
prefeito (m)	prefekt (m)	[prɛ'fɛkt]
Presidente (m) da Câmara	borgermester (m)	[bɔrgər'mɛstər]
juiz (m)	dommer (m)	['dɔmər]
procurador (m)	anklager (m)	['an‚klagər]
missionário (m)	misjonær (m)	[miʂʉ'nær]
monge (m)	munk (m)	['mʉnk]
abade (m)	abbed (m)	['abed]
rabino (m)	rabbiner (m)	[ra'binər]
vizir (m)	vesir (m)	[vɛ'sir]
xá (m)	sjah (m)	['ʂa]
xeque (m)	sjeik (m)	['ʂæjk]

90. Profissões agrícolas

apicultor (m)	birøkter (m)	['bi‚røktər]
pastor (m)	gjeter, hyrde (m)	['jetər], ['hyrdə]
agrónomo (m)	agronom (m)	[agrʉ'nʉm]

criador (m) de gado	husdyrholder (m)	['hʉsdyrˌhɔldər]
veterinário (m)	dyrlege, veterinær (m)	['dyrˌlegə], [vetəri'nær]
agricultor (m)	gårdbruker, bonde (m)	['gɔːrˌbrʉkər], ['bɔnə]
vinicultor (m)	vinmaker (m)	['vinˌmakər]
zoólogo (m)	zoolog (m)	[sʉː'lɔg]
cowboy (m)	cowboy (m)	['kawˌbɔj]

91. Profissões artísticas

| ator (m) | skuespiller (m) | ['skʉəˌspilər] |
| atriz (f) | skuespillerinne (m/f) | ['skʉəˌspilə'rinə] |

| cantor (m) | sanger (m) | ['saŋər] |
| cantora (f) | sangerinne (m/f) | [saŋə'rinə] |

| bailarino (m) | danser (m) | ['dansər] |
| bailarina (f) | danserinne (m/f) | [danse'rinə] |

| artista (m) | skuespiller (m) | ['skʉəˌspilər] |
| artista (f) | skuespillerinne (m/f) | ['skʉəˌspilə'rinə] |

músico (m)	musiker (m)	['mʉsikər]
pianista (m)	pianist (m)	[pia'nist]
guitarrista (m)	gitarspiller (m)	[gi'tarˌspilər]

maestro (m)	dirigent (m)	[diri'gɛnt]
compositor (m)	komponist (m)	[kʊmpʉ'nist]
empresário (m)	impresario (m)	[impre'sariʉ]

realizador (m)	regissør (m)	[rɛṣi'sør]
produtor (m)	produsent (m)	[prʊdʉ'sɛnt]
argumentista (m)	manusforfatter (m)	['manʉs fɔr'fatər]
crítico (m)	kritiker (m)	['kritikər]

escritor (m)	forfatter (m)	[fɔr'fatər]
poeta (m)	poet, dikter (m)	['pɔɛt], ['diktər]
escultor (m)	skulptør (m)	[skʉlp'tør]
pintor (m)	kunstner (m)	['kʉnstnər]

malabarista (m)	sjonglør (m)	[ṣɔŋ'lør]
palhaço (m)	klovn (m)	['klɔvn]
acrobata (m)	akrobat (m)	[akrʊ'bat]
mágico (m)	tryllekunstner (m)	['trʏləˌkʉnstnər]

92. Várias profissões

médico (m)	lege (m)	['legə]
enfermeira (f)	sykepleierske (m/f)	['sykəˌplæjeṣkə]
psiquiatra (m)	psykiater (m)	[syki'atər]
estomatologista (m)	tannlege (m)	['tanˌlegə]
cirurgião (m)	kirurg (m)	[çi'rʉrg]

astronauta (m)	astronaut (m)	[ɑstrʊ'naʊt]
astrónomo (m)	astronom (m)	[ɑstrʊ'nʊm]

motorista (m)	fører (m)	['førər]
maquinista (m)	lokfører (m)	['lʊk̟førər]
mecânico (m)	mekaniker (m)	[me'kɑnikər]

mineiro (m)	gruvearbeider (m)	['grʉvə'ɑr̩bæjdər]
operário (m)	arbeider (m)	['ɑr̩bæjdər]
serralheiro (m)	låsesmed (m)	['loːsə̩sme]
marceneiro (m)	snekker (m)	['snɛkər]
torneiro (m)	dreier (m)	['dræjər]
construtor (m)	bygningsarbeider (m)	['bygniŋs 'ɑr̩bæjər]
soldador (m)	sveiser (m)	['svæjsər]

professor (m) catedrático	professor (m)	[prʊ'fɛsʊr]
arquiteto (m)	arkitekt (m)	[ɑrki'tɛkt]
historiador (m)	historiker (m)	[hi'stʊrikər]
cientista (m)	vitenskapsmann (m)	['vitən̩skɑps mɑn]
físico (m)	fysiker (m)	['fysikər]
químico (m)	kjemiker (m)	['çemikər]

arqueólogo (m)	arkeolog (m)	[ˌɑrkeʊ'lɔg]
geólogo (m)	geolog (m)	[geʊ'lɔg]
pesquisador (cientista)	forsker (m)	['fɔs̩kər]

babysitter (f)	babysitter (m)	['bɛby̩sitər]
professor (m)	lærer, pedagog (m)	[lærər], [pedɑ'gɔg]

redator (m)	redaktør (m)	[rɛdɑk'tør]
redator-chefe (m)	sjefredaktør (m)	['ʂɛf rɛdɑk'tør]
correspondente (m)	korrespondent (m)	[kʊrespɔn'dɛnt]
datilógrafa (f)	maskinskriverske (m)	[mɑ'ʂin ˌskrivɛʂkə]

designer (m)	designer (m)	[de'sɑjnər]
especialista (m) em informática	dataekspert (m)	['dɑtɑ ɛks'pɛːt]
programador (m)	programmerer (m)	[prʊgrɑ'merər]
engenheiro (m)	ingeniør (m)	[inʂə'njør]

marujo (m)	sjømann (m)	['ʂø̩mɑn]
marinheiro (m)	matros (m)	[mɑ'trʊs]
salvador (m)	redningsmann (m)	['rɛdniŋs̩mɑn]

bombeiro (m)	brannmann (m)	['brɑn̩mɑn]
polícia (m)	politi (m)	[pʊli'ti]
guarda-noturno (m)	nattvakt (m)	['nɑt̩vɑkt]
detetive (m)	detektiv (m)	[detɛk'tiv]

funcionário (m) da alfândega	tollbetjent (m)	['tɔlbe̩tjɛnt]
guarda-costas (m)	livvakt (m/f)	['liv̩vɑkt]
guarda (m) prisional	fangevokter (m)	['fɑŋe̩vɔktər]
inspetor (m)	inspektør (m)	[inspɛk'tør]

desportista (m)	idrettsmann (m)	['idrɛts̩mɑn]
treinador (m)	trener (m)	['trenər]

talhante (m)	slakter (m)	['ʂlaktər]
sapateiro (m)	skomaker (m)	['skʉˌmakər]
comerciante (m)	handelsmann (m)	['handəlsˌman]
carregador (m)	lastearbeider (m)	['lastəˌarˌbæjdər]
estilista (m)	moteskaper (m)	['mʉtəˌskapər]
modelo (f)	modell (m)	[mʉ'dɛl]

93. Ocupações. Estatuto social

aluno, escolar (m)	skolegutt (m)	['skʉləˌgʉt]
estudante (~ universitária)	student (m)	[stʉ'dɛnt]
filósofo (m)	filosof (m)	[filu'sʉf]
economista (m)	økonom (m)	[økʉ'nʉm]
inventor (m)	oppfinner (m)	['ɔpˌfinər]
desempregado (m)	arbeidsløs (m)	['arbæjdsˌløs]
reformado (m)	pensjonist (m)	[panʂʉ'nist]
espião (m)	spion (m)	[spi'un]
preso (m)	fange (m)	['faŋə]
grevista (m)	streiker (m)	['stræjkər]
burocrata (m)	byråkrat (m)	[byrɔ'krat]
viajante (m)	reisende (m)	['ræjsenə]
homossexual (m)	homofil (m)	['hʉmʉˌfil]
hacker (m)	hacker (m)	['hakər]
hippie	hippie (m)	['hipi]
bandido (m)	banditt (m)	[ban'dit]
assassino (m) a soldo	leiemorder (m)	['læjəˌmʉrdər]
toxicodependente (m)	narkoman (m)	[narkʉ'man]
traficante (m)	narkolanger (m)	['narkɔˌlaŋər]
prostituta (f)	prostituert (m)	[prʉstitʉ'e:t]
chulo (m)	hallik (m)	['halik]
bruxo (m)	trollmann (m)	['trɔlˌman]
bruxa (f)	trollkjerring (m/f)	['trɔlˌçæriŋ]
pirata (m)	pirat, sjørøver (m)	['pi'rat], ['ʂøˌrøvər]
escravo (m)	slave (m)	['slavə]
samurai (m)	samurai (m)	[samʉ'raj]
selvagem (m)	villmann (m)	['vilˌman]

Educação

94. Escola

escola (f)	skole (m/f)	['skʉlə]
diretor (m) de escola	rektor (m)	['rektʉr]
aluno (m)	elev (m)	[e'lev]
aluna (f)	elev (m)	[e'lev]
escolar (m)	skolegutt (m)	['skʉlə͵gʉt]
escolar (f)	skolepike (m)	['skʉlə͵pikə]
ensinar (vt)	å undervise	[ɔ 'ʉnər͵visə]
aprender (vt)	å lære	[ɔ 'lærə]
aprender de cor	å lære utenat	[ɔ 'lærə 'ʉtənat]
estudar (vi)	å lære	[ɔ 'lærə]
andar na escola	å gå på skolen	[ɔ 'gɔ pɔ 'skʉlən]
ir à escola	å gå på skolen	[ɔ 'gɔ pɔ 'skʉlən]
alfabeto (m)	alfabet (n)	[alfa'bet]
disciplina (f)	fag (n)	['fag]
sala (f) de aula	klasserom (m/f)	['klasə͵rʉm]
lição (f)	time (m)	['timə]
recreio (m)	frikvarter (n)	['frikvɑːˌtər]
toque (m)	skoleklokke (m/f)	['skʉlə͵klɔkə]
carteira (f)	skolepult (m)	['skʉlə͵pʉlt]
quadro (m) negro	tavle (m/f)	['tavlə]
nota (f)	karakter (m)	[karak'ter]
boa nota (f)	god karakter (m)	['gʉ karak'ter]
nota (f) baixa	dårlig karakter (m)	['doːɭi karak'ter]
dar uma nota	å gi en karakter	[ɔ 'ji en karak'ter]
erro (m)	feil (m)	['fæjl]
fazer erros	å gjøre feil	[ɔ 'jørə ͵fæjl]
corrigir (vt)	å rette	[ɔ 'rɛtə]
cábula (f)	fuskelapp (m)	['fʉskə͵lap]
dever (m) de casa	lekser (m/f pl)	['leksər]
exercício (m)	øvelse (m)	['øvəlsə]
estar presente	å være til stede	[ɔ 'værə til 'stedə]
estar ausente	å være fraværende	[ɔ 'værə 'fra͵værənə]
faltar às aulas	å skulke skolen	[ɔ 'skʉlkə 'skʉlən]
punir (vt)	å straffe	[ɔ 'strafə]
punição (f)	straff, avstraffelse (m)	['straf], ['af͵strafəlsə]
comportamento (m)	oppførsel (m)	['ɔp͵fœʂəl]

boletim (m) escolar	karakterbok (m/f)	[kɑrɑk'ter͵bʉk]
lápis (m)	blyant (m)	['bly͵ɑnt]
borracha (f)	viskelær (n)	['viskə͵lær]
giz (m)	kritt (n)	['krit]
estojo (m)	pennal (n)	[pɛ'nɑl]
pasta (f) escolar	skoleveske (m/f)	['skʉlə͵vɛskə]
caneta (f)	penn (m)	['pɛn]
caderno (m)	skrivebok (m/f)	['skrivə͵bʉk]
manual (m) escolar	lærebok (m/f)	['lærə͵bʉk]
compasso (m)	passer (m)	['pɑsər]
traçar (vt)	å tegne	[ɔ 'tæjnə]
desenho (m) técnico	teknisk tegning (m/f)	['tɛknisk ͵tæjniŋ]
poesia (f)	dikt (n)	['dikt]
de cor	utenat	['ʉtən͵ɑt]
aprender de cor	å lære utenat	[ɔ 'lærə 'ʉtənɑt]
férias (f pl)	skoleferie (m)	['skʉlə͵fɛriə]
estar de férias	å være på ferie	[ɔ 'værə pɔ 'fɛriə]
passar as férias	å tilbringe ferien	[ɔ 'til͵briŋə 'fɛriən]
teste (m)	prøve (m/f)	['prøvə]
composição, redação (f)	essay (n)	[ɛ'sɛj]
ditado (m)	diktat (m)	[dik'tɑt]
exame (m)	eksamen (m)	[ɛk'sɑmən]
fazer exame	å ta eksamen	[ɔ 'tɑ ɛk'sɑmən]
experiência (~ química)	forsøk (n)	['fɔ'ṣøk]

95. Colégio. Universidade

academia (f)	akademi (n)	[ɑkɑde'mi]
universidade (f)	universitet (n)	[ʉnivæṣi'tet]
faculdade (f)	fakultet (n)	[fɑkʉl'tet]
estudante (m)	student (m)	[stʉ'dɛnt]
estudante (f)	kvinnelig student (m)	['kvinəli stʉ'dɛnt]
professor (m)	lærer, foreleser (m)	['lærər], ['fʉrə͵lesər]
sala (f) de palestras	auditorium (n)	[͵ɑʉdi'tʉrium]
graduado (m)	alumn (m)	[ɑ'lʉmn]
diploma (m)	diplom (n)	[di'plʉm]
tese (f)	avhandling (m/f)	['ɑv͵hɑndliŋ]
estudo (obra)	studie (m)	['stʉdiə]
laboratório (m)	laboratorium (n)	[lɑbʉrɑ'tɔrium]
palestra (f)	forelesning (m)	['fɔrə͵lesniŋ]
colega (m) de curso	studiekamerat (m)	['stʉdiə kɑme͵rɑt]
bolsa (f) de estudos	stipendium (n)	[sti'pɛndium]
grau (m) académico	akademisk grad (m)	[ɑkɑ'demisk ͵grɑd]

96. Ciências. Disciplinas

matemática (f)	matematikk (m)	[matəma'tik]
álgebra (f)	algebra (m)	['algəˌbra]
geometria (f)	geometri (m)	[geʉme'tri]
astronomia (f)	astronomi (m)	[astrʊnʉ'mi]
biologia (f)	biologi (m)	[biʉlʉ'gi]
geografia (f)	geografi (m)	[geʉgra'fi]
geologia (f)	geologi (m)	[geʉlʉ'gi]
história (f)	historie (m/f)	[hi'stʊriə]
medicina (f)	medisin (m)	[medi'sin]
pedagogia (f)	pedagogikk (m)	[pedagʉ'gik]
direito (m)	rett (m)	['rɛt]
física (f)	fysikk (m)	[fy'sik]
química (f)	kjemi (m)	[çe'mi]
filosofia (f)	filosofi (m)	[filʊsʉ'fi]
psicologia (f)	psykologi (m)	[sikʉlʉ'gi]

97. Sistema de escrita. Ortografia

gramática (f)	grammatikk (m)	[grama'tik]
vocabulário (m)	ordforråd (n)	['uːrfʊˌrɔd]
fonética (f)	fonetikk (m)	[fʉne'tik]
substantivo (m)	substantiv (n)	['sʉbstanˌtiv]
adjetivo (m)	adjektiv (n)	['adjɛkˌtiv]
verbo (m)	verb (n)	['værb]
advérbio (m)	adverb (n)	[ad'væːb]
pronome (m)	pronomen (n)	[prʊ'nʊmən]
interjeição (f)	interjeksjon (m)	[interjɛk'ʂʊn]
preposição (f)	preposisjon (m)	[prɛpʊsi'ʂʊn]
raiz (f) da palavra	rot (m/f)	['rʊt]
terminação (f)	endelse (m)	['ɛnəlsə]
prefixo (m)	prefiks (n)	[prɛ'fiks]
sílaba (f)	stavelse (m)	['stavəlsə]
sufixo (m)	suffiks (n)	[sʉ'fiks]
acento (m)	betoning (m), trykk (n)	['be'tɔniŋ], ['trʏk]
apóstrofo (m)	apostrof (m)	[apʊ'strɔf]
ponto (m)	punktum (n)	['pʉnktum]
vírgula (f)	komma (n)	['kɔma]
ponto e vírgula (m)	semikolon (n)	[ˌsemikʉ'lɔn]
dois pontos (m pl)	kolon (n)	['kʉlɔn]
reticências (f pl)	tre prikker (m pl)	['tre 'prikər]
ponto (m) de interrogação	spørsmålstegn (n)	['spœʂmolsˌtæjn]
ponto (m) de exclamação	utropstegn (n)	['ʉtrʊpsˌtæjn]

aspas (f pl)	anførselstegn (n pl)	[ɑn'fœṣɛls̩tejn]
entre aspas	i anførselstegn	[i ɑn'fœṣɛls̩tejn]
parênteses (m pl)	parentes (m)	[pɑrɛn'tes]
entre parênteses	i parentes	[i pɑrɛn'tes]
hífen (m)	bindestrek (m)	['binə̩strek]
travessão (m)	tankestrek (m)	['tɑnkə̩strek]
espaço (m)	mellomrom (n)	['mɛlom̩rʉm]
letra (f)	bokstav (m)	['bʉkstɑv]
letra (f) maiúscula	stor bokstav (m)	['stʉr 'bʉkstɑv]
vogal (f)	vokal (m)	[vʉ'kɑl]
consoante (f)	konsonant (m)	[kʉnsʉ'nɑnt]
frase (f)	setning (m)	['sɛtniŋ]
sujeito (m)	subjekt (n)	[sʉb'jɛkt]
predicado (m)	predikat (n)	[prɛdi'kɑt]
linha (f)	linje (m)	['linjə]
em uma nova linha	på ny linje	[pɔ ny 'linjə]
parágrafo (m)	avsnitt (n)	['ɑf̩snit]
palavra (f)	ord (n)	['uːr]
grupo (m) de palavras	ordgruppe (m/f)	['uːr̩grʉpə]
expressão (f)	uttrykk (n)	['ʉt̩trʏk]
sinónimo (m)	synonym (n)	[synʉ'nym]
antónimo (m)	antonym (n)	[ɑntʉ'nym]
regra (f)	regel (m)	['rɛgəl]
exceção (f)	unntak (n)	['ʉn̩tɑk]
correto	riktig	['rikti]
conjugação (f)	bøyning (m/f)	['bøjniŋ]
declinação (f)	bøyning (m/f)	['bøjniŋ]
caso (m)	kasus (m)	['kɑsʉs]
pergunta (f)	spørsmål (n)	['spœṣ̩mol]
sublinhar (vt)	å understreke	[ɔ 'ʉnə̩strekə]
linha (f) pontilhada	prikket linje (m)	['priket 'linjə]

98. Línguas estrangeiras

língua (f)	språk (n)	['sprɔk]
estrangeiro	fremmed-	['fremə-]
língua (f) estrangeira	fremmedspråk (n)	['fremed̩sprɔk]
estudar (vt)	å studere	[ɔ stʉ'derə]
aprender (vt)	å lære	[ɔ 'lærə]
ler (vt)	å lese	[ɔ 'lesə]
falar (vi)	å tale	[ɔ 'talə]
compreender (vt)	å forstå	[ɔ fɔ'ʂtɔ]
escrever (vt)	å skrive	[ɔ 'skrivə]
rapidamente	fort	['fʊːt]
devagar	langsomt	['laŋsɔmt]

fluentemente	flytende	['flytnə]
regras (f pl)	regler (m pl)	['rɛglər]
gramática (f)	grammatikk (m)	[grɑmɑ'tik]
vocabulário (m)	ordforråd (n)	['uːrfʉˌrɔd]
fonética (f)	fonetikk (m)	[fʉne'tik]
manual (m) escolar	lærebok (m/f)	['lærəˌbʉk]
dicionário (m)	ordbok (m/f)	['uːrˌbʉk]
manual (m) de autoaprendizagem	lærebok (m/f) for selvstudium	['lærəˌbʉk fɔ 'selˌstʉdium]
guia (m) de conversação	parlør (m)	[pɑː'lør]
cassete (f)	kassett (m)	[kɑ'sɛt]
vídeo cassete (m)	videokassett (m)	['videʉ kɑ'sɛt]
CD (m)	CD-rom (m)	['sɛdɛˌrʉm]
DVD (m)	DVD (m)	[deve'de]
alfabeto (m)	alfabet (n)	[ɑlfɑ'bet]
soletrar (vt)	å stave	[ɔ 'stɑvə]
pronúncia (f)	uttale (m)	['ʉtˌtɑlə]
sotaque (m)	aksent (m)	[ɑk'sɑŋ]
com sotaque	med aksent	[me ɑk'sɑŋ]
sem sotaque	uten aksent	['ʉtən ɑk'sɑŋ]
palavra (f)	ord (n)	['uːr]
sentido (m)	betydning (m)	[be'tʏdniŋ]
cursos (m pl)	kurs (n)	['kʉʂ]
inscrever-se (vr)	å anmelde seg	[ɔ 'ɑnˌmɛlə sæj]
professor (m)	lærer (m)	['lærər]
tradução (processo)	oversettelse (m)	['ɔvəˌsɛtəlsə]
tradução (texto)	oversettelse (m)	['ɔvəˌsɛtəlsə]
tradutor (m)	oversetter (m)	['ɔvəˌsɛtər]
intérprete (m)	tolk (m)	['tɔlk]
poliglota (m)	polyglott (m)	[pʉlʏ'glɔt]
memória (f)	minne (n), hukommelse (m)	['minə], [hʉ'kɔməlsə]

Descanso. Entretenimento. Viagens

99. Viagens

turismo (m)	turisme (m)	[tʉ'rismə]
turista (m)	turist (m)	[tʉ'rist]
viagem (f)	reise (m/f)	['ræjsə]
aventura (f)	eventyr (n)	['ɛvən,tyr]
viagem (f)	tripp (m)	['trip]
férias (f pl)	ferie (m)	['fɛriə]
estar de férias	å være på ferie	[ɔ 'værə pɔ 'fɛriə]
descanso (m)	hvile (m/f)	['vilə]
comboio (m)	tog (n)	['tɔg]
de comboio (chegar ~)	med tog	[me 'tɔg]
avião (m)	fly (n)	['fly]
de avião	med fly	[me 'fly]
de carro	med bil	[me 'bil]
de navio	med skip	[me 'ʂip]
bagagem (f)	bagasje (m)	[bɑ'gɑʂə]
mala (f)	koffert (m)	['kʊfɛ:t]
carrinho (m)	bagasjetralle (m/f)	[bɑ'gɑʂə,trɑlə]
passaporte (m)	pass (n)	['pɑs]
visto (m)	visum (n)	['visʉm]
bilhete (m)	billett (m)	[bi'let]
bilhete (m) de avião	flybillett (m)	['fly bi'let]
guia (m) de viagem	reisehåndbok (m/f)	['ræjsə,hɔnbʊk]
mapa (m)	kart (n)	['kɑ:t]
local (m), area (f)	område (n)	['ɔm,ro:də]
lugar, sítio (m)	sted (n)	['sted]
exótico	eksotisk	[ɛk'sʊtisk]
surpreendente	forunderlig	[fɔ'rʉnde:li]
grupo (m)	gruppe (m)	['grʉpə]
excursão (f)	utflukt (m/f)	['ʉt,flʉkt]
guia (m)	guide (m)	['gɑjd]

100. Hotel

hotel (m)	hotell (n)	[hʊ'tɛl]
motel (m)	motell (n)	[mʊ'tɛl]
três estrelas	trestjernet	['tre,stjæ:ŋə]
cinco estrelas	femstjernet	['fɛm,stjæ:ŋə]

ficar (~ num hotel)	å bo	[ɔ 'buː]
quarto (m)	rom (n)	['rʊm]
quarto (m) individual	enkeltrom (n)	['ɛnkelt‚rʊm]
quarto (m) duplo	dobbeltrom (n)	['dɔbəlt‚rʊm]
reservar um quarto	å reservere rom	[ɔ resɛr'verə 'rʊm]
meia pensão (f)	halvpensjon (m)	['hɑl pɑn‚ʂʊn]
pensão (f) completa	fullpensjon (m)	['fʉl pɑn‚ʂʊn]
com banheira	med badekar	[me 'bɑdə‚kɑr]
com duche	med dusj	[me 'dʉʂ]
televisão (m) satélite	satellitt-TV (m)	[sɑtɛ'lit 'tɛvɛ]
ar (m) condicionado	klimaanlegg (n)	['klimɑ'ɑn‚leg]
toalha (f)	håndkle (n)	['hɔn‚kle]
chave (f)	nøkkel (m)	['nøkəl]
administrador (m)	administrator (m)	[admini'strɑːtʉr]
camareira (f)	stuepike (m/f)	['stʉə‚pikə]
bagageiro (m)	pikkolo (m)	['pikɔlɔ]
porteiro (m)	portier (m)	[pɔː'tje]
restaurante (m)	restaurant (m)	[rɛstʉ'rɑŋ]
bar (m)	bar (m)	['bɑr]
pequeno-almoço (m)	frokost (m)	['frʊkɔst]
jantar (m)	middag (m)	['mi‚dɑ]
buffet (m)	buffet (m)	[bʉ'fɛ]
hall (m) de entrada	hall, lobby (m)	['hɑl], ['lɔbi]
elevador (m)	heis (m)	['hæjs]
NÃO PERTURBE	VENNLIGST IKKE FORSTYRR!	['vɛnligt ikə fɔ'ʂtyr]
PROIBIDO FUMAR!	RØYKING FORBUDT	['røjkiŋ fɔr'bʉt]

EQUIPAMENTO TÉCNICO. TRANSPORTES

Equipamento técnico. Transportes

101. Computador

computador (m)	datamaskin (m)	['dɑtɑ mɑˌʂin]
portátil (m)	bærbar, laptop (m)	['bærˌbɑr], ['lɑptɔp]
ligar (vt)	å slå på	[ɔ 'ʂlɔ pɔ]
desligar (vt)	å slå av	[ɔ 'ʂlɔ ɑ:]
teclado (m)	tastatur (n)	[tɑstɑ'tʉr]
tecla (f)	tast (m)	['tɑst]
rato (m)	mus (m/f)	['mʉs]
tapete (m) de rato	musematte (m/f)	['mʉsəˌmɑtə]
botão (m)	knapp (m)	['knɑp]
cursor (m)	markør (m)	[mɑr'kør]
monitor (m)	monitor (m)	['mɔnitɔr]
ecrã (m)	skjerm (m)	['ʂærm]
disco (m) rígido	harddisk (m)	['hɑrˌdisk]
capacidade (f) do disco rígido	harddiskkapasitet (m)	['hɑrˌdisk kɑpɑsi'tet]
memória (f)	minne (n)	['minə]
memória RAM (f)	hovedminne (n)	['hɔvədˌminə]
ficheiro (m)	fil (m)	['fil]
pasta (f)	mappe (m/f)	['mɑpə]
abrir (vt)	å åpne	[ɔ 'ɔpnə]
fechar (vt)	å lukke	[ɔ 'lʉkə]
guardar (vt)	å lagre	[ɔ 'lɑgrə]
apagar, eliminar (vt)	å slette, å fjerne	[ɔ 'ʂletə], [ɔ 'fjæ:ɳə]
copiar (vt)	å kopiere	[ɔ kʉ'pjerə]
ordenar (vt)	å sortere	[ɔ sɔ:'terə]
copiar (vt)	å overføre	[ɔ 'ɔvərˌførə]
programa (m)	program (n)	[prʉ'grɑm]
software (m)	programvare (m/f)	[prʉ'grɑmˌvɑrə]
programador (m)	programmerer (m)	[prʉgrɑ'merər]
programar (vt)	å programmere	[ɔ prʉgrɑ'merə]
hacker (m)	hacker (m)	['hɑkər]
senha (f)	passord (n)	['pɑsˌu:r]
vírus (m)	virus (m)	['virʉs]
detetar (vt)	å oppdage	[ɔ 'ɔpˌdɑgə]
byte (m)	byte (m)	['bɑjt]

megabyte (m)	megabyte (m)	['megaˌbajt]
dados (m pl)	data (m pl)	['data]
base (f) de dados	database (m)	['dataˌbasə]
cabo (m)	kabel (m)	['kabəl]
desconectar (vt)	å koble fra	[ɔ 'kɔblə fra]
conetar (vt)	å koble	[ɔ 'kɔblə]

102. Internet. E-mail

internet (f)	Internett	['intəˌnɛt]
browser (m)	nettleser (m)	['nɛtˌlesər]
motor (m) de busca	søkemotor (m)	['søkəˌmɔtʉr]
provedor (m)	leverandør (m)	[levəran'dør]
webmaster (m)	webmaster (m)	['vɛbˌmastər]
website, sítio web (m)	webside, hjemmeside (m/f)	['vɛbˌsidə], ['jɛməˌsidə]
página (f) web	nettside (m)	['nɛtˌsidə]
endereço (m)	adresse (m)	[a'drɛsə]
livro (m) de endereços	adressebok (f)	[a'drɛsəˌbʉk]
caixa (f) de correio	postkasse (m/f)	['pɔstˌkasə]
correio (m)	post (m)	['pɔst]
cheia (caixa de correio)	full	['fʉl]
mensagem (f)	melding (m/f)	['mɛliŋ]
mensagens (f pl) recebidas	innkommende meldinger	['inˌkɔmənə 'mɛliŋər]
mensagens (f pl) enviadas	utgående meldinger	['ʉtˌgɔənə 'mɛliŋər]
remetente (m)	avsender (m)	['afˌsɛnər]
enviar (vt)	å sende	[ɔ 'sɛnə]
envio (m)	avsending (m)	['afˌsɛniŋ]
destinatário (m)	mottaker (m)	['mɔtˌtakər]
receber (vt)	å motta	[ɔ 'mɔta]
correspondência (f)	korrespondanse (m)	[kʉrespɔn'dansə]
corresponder-se (vr)	å brevveksle	[ɔ 'brɛvˌvɛkslə]
ficheiro (m)	fil (m)	['fil]
fazer download, baixar	å laste ned	[ɔ 'lastə 'ne]
criar (vt)	å opprette	[ɔ 'ɔpˌrɛtə]
apagar, eliminar (vt)	å slette, å fjerne	[ɔ 'ʂlɛtə], [ɔ 'fjæːɳə]
eliminado	slettet	['ʂlɛtət]
conexão (f)	forbindelse (m)	[fɔr'binəlsə]
velocidade (f)	hastighet (m/f)	['hastiˌhet]
modem (m)	modem (n)	['mʉ'dɛm]
acesso (m)	tilgang (m)	['tilˌgaŋ]
porta (f)	port (m)	['pɔːt]
conexão (f)	tilkobling (m/f)	['tilˌkɔbliŋ]
conetar (vi)	å koble	[ɔ 'kɔblə]
escolher (vt)	å velge	[ɔ 'vɛlgə]
buscar (vt)	å søke etter ...	[ɔ 'søkə ˌɛtər ...]

103. Eletricidade

eletricidade (f)	elektrisitet (m)	[ɛlektrisi'tet]
elétrico	elektrisk	[ɛ'lektrisk]
central (f) elétrica	kraftverk (n)	['kraft,værk]
energia (f)	energi (m)	[ɛnær'gi]
energia (f) elétrica	elkraft (m/f)	['ɛl,kraft]

lâmpada (f)	lyspære (m/f)	['lys,pærə]
lanterna (f)	lommelykt (m/f)	['lʊmə,lʏkt]
poste (m) de iluminação	gatelykt (m/f)	['gatə,lʏkt]

luz (f)	lys (n)	['lys]
ligar (vt)	å slå på	[ɔ 'ʂlɔ pɔ]
desligar (vt)	å slå av	[ɔ 'ʂlɔ a:]
apagar a luz	å slokke lyset	[ɔ 'ʂløkə 'lysə]

fundir (vi)	å brenne ut	[ɔ 'brɛnə ʉt]
curto-circuito (m)	kortslutning (m)	['kʊ:ʈ,slʉtniŋ]
rutura (f)	kabelbrudd (n)	['kabəl,brʉd]
contacto (m)	kontakt (m)	[kʊn'takt]

interruptor (m)	strømbryter (m)	['strøm,brytər]
tomada (f)	stikkontakt (m)	['stik kʊn,takt]
ficha (f)	støpsel (n)	['støpsəl]
extensão (f)	skjøteledning (m)	['ʂøtə,ledniŋ]

fusível (m)	sikring (m)	['sikriŋ]
fio, cabo (m)	ledning (m)	['ledniŋ]
instalação (f) elétrica	ledningsnett (n)	['ledniŋs,nɛt]

ampere (m)	ampere (m)	[am'pɛr]
amperagem (f)	strømstyrke (m)	['strøm,styrkə]
volt (m)	volt (m)	['vɔlt]
voltagem (f)	spenning (m/f)	['spɛniŋ]

aparelho (m) elétrico	elektrisk apparat (n)	[ɛ'lektrisk apa'rat]
indicador (m)	indikator (m)	[indi'katʊr]

eletricista (m)	elektriker (m)	[ɛ'lektrikər]
soldar (vt)	å lodde	[ɔ 'lɔdə]
ferro (m) de soldar	loddebolt (m)	['lɔdə,bɔlt]
corrente (f) elétrica	strøm (m)	['strøm]

104. Ferramentas

ferramenta (f)	verktøy (n)	['værk,tøj]
ferramentas (f pl)	verktøy (n pl)	['værk,tøj]
equipamento (m)	utstyr (n)	['ʉt,styr]

martelo (m)	hammer (m)	['hamər]
chave (f) de fendas	skrutrekker (m)	['skrʉ,trɛkər]
machado (m)	øks (m/f)	['øks]

serra (f)	sag (m/f)	['sɑg]
serrar (vt)	å sage	[ɔ 'sɑgə]
plaina (f)	høvel (m)	['høvəl]
aplainar (vt)	å høvle	[ɔ 'høvlə]
ferro (m) de soldar	loddebolt (m)	['lɔdə͵bɔlt]
soldar (vt)	å lodde	[ɔ 'lɔdə]
lima (f)	fil (m/f)	['fil]
tenaz (f)	knipetang (m/f)	['knipə͵tɑŋ]
alicate (m)	flattang (m/f)	['flɑt͵tɑŋ]
formão (m)	hoggjern, huggjern (n)	['hʊg͵jæːɳ]
broca (f)	bor (m/n)	['bʊr]
berbequim (f)	boremaskin (m)	['bɔre mɑ͵ʂin]
furar (vt)	å bore	[ɔ 'bɔrə]
faca (f)	kniv (m)	['kniv]
lâmina (f)	blad (n)	['blɑ]
afiado	skarp	['skɑrp]
cego	sløv	['sløv]
embotar-se (vr)	å bli sløv	[ɔ 'bli 'sløv]
afiar, amolar (vt)	å skjerpe, å slipe	[ɔ 'ʂɛrpə], [ɔ 'ʂlipə]
parafuso (m)	bolt (m)	['bɔlt]
porca (f)	mutter (m)	['mʉtər]
rosca (f)	gjenge (n)	['jɛŋə]
parafuso (m) para madeira	skrue (m)	['skrʉə]
prego (m)	spiker (m)	['spikər]
cabeça (f) do prego	spikerhode (n)	['spikər͵hʊdə]
régua (f)	linjal (m)	[li'njɑl]
fita (f) métrica	målebånd (n)	['moːlə͵bɔn]
nível (m)	vater, vaterpass (n)	['vɑtər], ['vɑtər͵pɑs]
lupa (f)	lupe (m/f)	['lʉpə]
medidor (m)	måleinstrument (n)	['moːlə instrʉ'mɛnt]
medir (vt)	å måle	[ɔ 'moːlə]
escala (f)	skala (m)	['skɑlɑ]
indicação (f), registo (m)	avlesninger (m/f pl)	['ɑv͵lesniŋər]
compressor (m)	kompressor (m)	[kʊm'presʊr]
microscópio (m)	mikroskop (n)	[mikrʊ'skʊp]
bomba (f)	pumpe (m/f)	['pʉmpə]
robô (m)	robot (m)	['rɔbɔt]
laser (m)	laser (m)	['lɑsər]
chave (f) de boca	skrunøkkel (m)	['skrʉ͵nøkəl]
fita (f) adesiva	pakketeip (m)	['pɑkə͵tɛjp]
cola (f)	lim (n)	['lim]
lixa (f)	sandpapir (n)	['sɑnpɑ͵pir]
mola (f)	fjær (m/f)	['fjær]
íman (m)	magnet (m)	[mɑŋ'net]

luvas (f pl)	hansker (m pl)	['hanskər]
corda (f)	reip, rep (n)	['ræjp], ['rɛp]
cordel (m)	snor (m/f)	['snʊr]
fio (m)	ledning (m)	['ledniŋ]
cabo (m)	kabel (m)	['kɑbəl]

marreta (f)	slegge (m/f)	['s̺legə]
pé de cabra (m)	spett, jernspett (n)	['spɛt], ['jæːn̺spɛt]
escada (f) de mão	stige (m)	['stiːə]
escadote (m)	trappstige (m/f)	['trɑpˌstiːə]

enroscar (vt)	å skru fast	[ɔ 'skrʉ 'fɑst]
desenroscar (vt)	å skru løs	[ɔ 'skrʉ ˌløs]
apertar (vt)	å klemme	[ɔ 'klemə]
colar (vt)	å klistre, å lime	[ɔ 'klistrə], [ɔ 'limə]
cortar (vt)	å skjære	[ɔ 's̺æːrə]

falha (mau funcionamento)	funksjonsfeil (m)	['fʉnks̺ɔnsˌfæjl]
conserto (m)	reparasjon (m)	[repɑrɑ's̺ʉn]
consertar, reparar (vt)	å reparere	[ɔ repɑ'rerə]
regular, ajustar (vt)	å justere	[ɔ jʉ'sterə]

verificar (vt)	å sjekke	[ɔ 's̺ɛkə]
verificação (f)	kontroll (m)	[kʊn'trɔl]
indicação (f), registo (m)	avlesninger (m/f pl)	['ɑvˌlesniŋər]

| seguro | pålitelig | [pɔ'liteli] |
| complicado | komplisert | [kʊmpli's̺ɛːt] |

enferrujar (vi)	å ruste	[ɔ 'rʉstə]
enferrujado	rusten, rustet	['rʉstən], ['rʉstət]
ferrugem (f)	rust (m/f)	['rʉst]

Transportes

105. Avião

avião (m)	fly (n)	['fly]
bilhete (m) de avião	flybillett (m)	['fly bi'let]
companhia (f) aérea	flyselskap (n)	['flysəl͵skap]
aeroporto (m)	flyplass (m)	['fly͵plas]
supersónico	overlyds-	['ɔvə͵lyds-]
comandante (m) do avião	kaptein (m)	[kap'tæjn]
tripulação (f)	besetning (m/f)	[be'sɛtniŋ]
piloto (m)	pilot (m)	[pi'lɔt]
hospedeira (f) de bordo	flyvertinne (m/f)	[flyvɛ:'tinə]
copiloto (m)	styrmann (m)	['styr͵man]
asas (f pl)	vinger (m pl)	['viŋər]
cauda (f)	hale (m)	['halə]
cabine (f) de pilotagem	cockpit, førerkabin (m)	['kɔkpit], ['førərka͵bin]
motor (m)	motor (m)	['mɔtʉr]
trem (m) de aterragem	landingshjul (n)	['laniŋs͵jʉl]
turbina (f)	turbin (m)	[tʉr'bin]
hélice (f)	propell (m)	[prʉ'pɛl]
caixa-preta (f)	svart boks (m)	['sva:t boks]
coluna (f) de controlo	ratt (n)	['rat]
combustível (m)	brensel (n)	['brɛnsəl]
instruções (f pl) de segurança	sikkerhetsbrosjyre (m)	['sikərhɛts͵brɔ'syrə]
máscara (f) de oxigénio	oksygenmaske (m/f)	['ɔksygən͵maskə]
uniforme (m)	uniform (m)	[ʉni'fɔrm]
colete (m) salva-vidas	redningsvest (m)	['rɛdniŋs͵vɛst]
paraquedas (m)	fallskjerm (m)	['fal͵ʂærm]
descolagem (f)	start (m)	['sta:t]
descolar (vi)	å løfte	[ɔ 'lœftə]
pista (f) de descolagem	startbane (m)	['sta:t͵banə]
visibilidade (f)	siktbarhet (m)	['siktbar͵het]
voo (m)	flyging (m/f)	['flygiŋ]
altura (f)	høyde (m)	['højdə]
poço (m) de ar	lufthull (n)	['lʉft͵hʉl]
assento (m)	plass (m)	['plas]
auscultadores (m pl)	hodetelefoner (n pl)	['hodətelə͵fʉnər]
mesa (f) rebatível	klappbord (n)	['klap͵bʉr]
vigia (f)	vindu (n)	['vindʉ]
passagem (f)	midtgang (m)	['mit͵gaŋ]

106. Comboio

comboio (m)	tog (n)	['tɔg]
comboio (m) suburbano	lokaltog (n)	[lɔ'kal,tɔg]
comboio (m) rápido	ekspresstog (n)	[ɛks'prɛs,tɔg]
locomotiva (f) diesel	diesellokomotiv (n)	['disəl lʉkɔmɔ'tiv]
locomotiva (f) a vapor	damplokomotiv (n)	['damp lʉkɔmɔ'tiv]
carruagem (f)	vogn (m)	['vɔŋn]
carruagem restaurante (f)	restaurantvogn (m/f)	[rɛstʉ'raŋ,vɔŋn]
carris (m pl)	skinner (m/f pl)	['şinər]
caminho de ferro (m)	jernbane (m)	['jæːn̩,banə]
travessa (f)	sville (m/f)	['svilə]
plataforma (f)	perrong, plattform (m/f)	[pɛ'rɔŋ], ['platfɔrm]
linha (f)	spor (n)	['spʉr]
semáforo (m)	semafor (m)	[sema'fʉr]
estação (f)	stasjon (m)	[sta'şʉn]
maquinista (m)	lokfører (m)	['lʉk,førər]
bagageiro (m)	bærer (m)	['bærər]
hospedeiro, -a (da carruagem)	betjent (m)	['be'tjɛnt]
passageiro (m)	passasjer (m)	[pasa'şɛr]
revisor (m)	billett inspektør (m)	[bi'let inspɛk'tør]
corredor (m)	korridor (m)	[kʉri'dɔr]
freio (m) de emergência	nødbrems (m)	['nød,brɛms]
compartimento (m)	kupé (m)	[kʉ'pe]
cama (f)	køye (m/f)	['køjə]
cama (f) de cima	overkøye (m/f)	['ɔvər,køjə]
cama (f) de baixo	underkøye (m/f)	['ʉnər,køjə]
roupa (f) de cama	sengetøy (n)	['sɛŋə,tøj]
bilhete (m)	billett (m)	[bi'let]
horário (m)	rutetabell (m)	['rʉtə,ta'bɛl]
painel (m) de informação	informasjonstavle (m/f)	[infɔrma'şʉns ,tavlə]
partir (vt)	å avgå	[ɔ 'avgɔ]
partida (f)	avgang (m)	['av,gaŋ]
chegar (vi)	å ankomme	[ɔ 'an,kɔmə]
chegada (f)	ankomst (m)	['an,kɔmst]
chegar de comboio	å ankomme med toget	[ɔ 'an,kɔmə me 'tɔgə]
apanhar o comboio	å gå på toget	[ɔ 'gɔ pɔ 'tɔgə]
sair do comboio	å gå av toget	[ɔ 'gɔ a: 'tɔgə]
acidente (m) ferroviário	togulykke (m/n)	['tɔg ʉ'lʏkə]
descarrilar (vi)	å spore av	[ɔ 'spʉrə a:]
locomotiva (f) a vapor	damplokomotiv (n)	['damp lʉkɔmɔ'tiv]
fogueiro (m)	fyrbøter (m)	['fyr,bøtər]
fornalha (f)	fyrrom (n)	['fyr,rʉm]
carvão (m)	kull (n)	['kʉl]

107. Barco

navio (m)	skip (n)	['ṣip]
embarcação (f)	fartøy (n)	['fɑːˌtøj]

vapor (m)	dampskip (n)	['dampˌṣip]
navio (m)	elvebåt (m)	['ɛlvəˌbot]
transatlântico (m)	cruiseskip (n)	['krʉsˌṣip]
cruzador (m)	krysser (m)	['krʏsər]

iate (m)	jakt (m/f)	['jakt]
rebocador (m)	bukserbåt (m)	[bʉk'serˌbot]
barcaça (f)	lastepram (m)	['lɑstəˌpram]
ferry (m)	ferje, ferge (m/f)	['færjə], ['færgə]

veleiro (m)	seilbåt (n)	['sæjlˌbot]
bergantim (m)	brigantin (m)	[brigɑn'tin]

quebra-gelo (m)	isbryter (m)	['isˌbrytər]
submarino (m)	ubåt (m)	['ʉːˌbot]

bote, barco (m)	båt (m)	['bot]
bote, dingue (m)	jolle (m/f)	['jɔlə]
bote (m) salva-vidas	livbåt (m)	['livˌbot]
lancha (f)	motorbåt (m)	['motʊrˌbot]

capitão (m)	kaptein (m)	[kap'tæjn]
marinheiro (m)	matros (m)	[mɑ'trʊs]
marujo (m)	sjømann (m)	['ṣøˌman]
tripulação (f)	besetning (m/f)	[be'sɛtniŋ]

contramestre (m)	båtsmann (m)	['bosˌman]
grumete (m)	skipsgutt, jungmann (m)	['ṣipsˌgʉt], ['jʉŋˌman]
cozinheiro (m) de bordo	kokk (m)	['kʊk]
médico (m) de bordo	skipslege (m)	['ṣipsˌlegə]

convés (m)	dekk (n)	['dɛk]
mastro (m)	mast (m/f)	['mɑst]
vela (f)	seil (n)	['sæjl]

porão (m)	lasterom (n)	['lɑstəˌrʊm]
proa (f)	baug (m)	['bæu]
popa (f)	akterende (m)	['ɑktəˌrɛnə]
remo (m)	åre (m)	['oːrə]
hélice (f)	propell (m)	[prʊ'pɛl]

camarote (m)	hytte (m)	['hʏtə]
sala (f) dos oficiais	offisersmesse (m/f)	[ɔfi'sɛrsˌmɛsə]
sala (f) das máquinas	maskinrom (n)	[mɑ'ṣinˌrʊm]
ponte (m) de comando	kommandobro (m/f)	[kɔ'mandʊˌbrʊ]
sala (f) de comunicações	radiorom (m)	['rɑdiʊˌrʊm]
onda (f) de rádio	bølge (m)	['bølgə]
diário (m) de bordo	loggbok (m/f)	['lɔgˌbʊk]
luneta (f)	langkikkert (m)	['laŋˌkikeːt]
sino (m)	klokke (m/f)	['klɔkə]

bandeira (f)	flagg (n)	['flɑg]
cabo (m)	trosse (m/f)	['trʊsə]
nó (m)	knute (m)	['knʉtə]
corrimão (m)	rekkverk (n)	['rɛkˌværk]
prancha (f) de embarque	landgang (m)	['lɑnˌgɑŋ]
âncora (f)	anker (n)	['ɑnkər]
recolher a âncora	å lette anker	[ɔ 'letə 'ɑnkər]
lançar a âncora	å kaste anker	[ɔ 'kɑstə 'ɑnkər]
amarra (f)	ankerkjetting (m)	['ɑnkərˌçɛtiŋ]
porto (m)	havn (m/f)	['hɑvn]
cais, amarradouro (m)	kai (m/f)	['kɑj]
atracar (vi)	å fortøye	[ɔ fɔː'tøjə]
desatracar (vi)	å kaste loss	[ɔ 'kɑstə lɔs]
viagem (f)	reise (m/f)	['ræjsə]
cruzeiro (m)	cruise (n)	['krʉs]
rumo (m), rota (f)	kurs (m)	['kʉʂ]
itinerário (m)	rute (m/f)	['rʉtə]
canal (m) navegável	seilrende (m)	['sæjlˌrɛnə]
banco (m) de areia	grunne (m/f)	['grʉnə]
encalhar (vt)	å gå på grunn	[ɔ 'gɔ pɔ 'grʉn]
tempestade (f)	storm (m)	['stɔrm]
sinal (m)	signal (n)	[siŋ'nɑl]
afundar-se (vr)	å synke	[ɔ 'sʏnkə]
Homem ao mar!	Mann over bord!	['mɑn ˌovər 'bʊr]
SOS	SOS (n)	[ɛsʊ'ɛs]
boia (f) salva-vidas	livbøye (m/f)	['livˌbøjə]

108. Aeroporto

aeroporto (m)	flyplass (m)	['flyˌplɑs]
avião (m)	fly (n)	['fly]
companhia (f) aérea	flyselskap (n)	['flysəlˌskɑp]
controlador (m) de tráfego aéreo	flygeleder (m)	['flygəˌledər]
partida (f)	avgang (m)	['ɑvˌgɑŋ]
chegada (f)	ankomst (m)	['ɑnˌkɔmst]
chegar (~ de avião)	å ankomme	[ɔ 'ɑnˌkɔmə]
hora (f) de partida	avgangstid (m/f)	['ɑvgɑŋsˌtid]
hora (f) de chegada	ankomsttid (m/f)	[ɑn'kɔmsˌtid]
estar atrasado	å bli forsinket	[ɔ 'bli fɔ'ʂinkət]
atraso (m) de voo	avgangsforsinkelse (m)	['ɑvgɑŋs fɔ'ʂinkəlsə]
painel (m) de informação	informasjonstavle (m/f)	[informɑ'ʂʉns ˌtɑvlə]
informação (f)	informasjon (m)	[informɑ'ʂʉn]
anunciar (vt)	å meddele	[ɔ 'mɛdˌdelə]

voo (m)	fly (n)	['fly]
alfândega (f)	toll (m)	['tɔl]
funcionário (m) da alfândega	tollbetjent (m)	['tɔlbe,tjɛnt]
declaração (f) alfandegária	tolldeklarasjon (m)	['tɔldɛklara'ʂʊn]
preencher (vt)	å utfylle	[ɔ 'ʉt,fʏlə]
preencher a declaração	å utfylle en tolldeklarasjon	[ɔ 'ʉt,fʏlə en 'tɔldɛklara,ʂʊn]
controlo (m) de passaportes	passkontroll (m)	['paskʊn,trɔl]
bagagem (f)	bagasje (m)	[ba'gaʂə]
bagagem (f) de mão	håndbagasje (m)	['hɔn,ba'gaʂə]
carrinho (m)	bagasjetralle (m/f)	[ba'gaʂə,tralə]
aterragem (f)	landing (m)	['laniŋ]
pista (f) de aterragem	landingsbane (m)	['laniŋs,banə]
aterrar (vi)	å lande	[ɔ 'lanə]
escada (f) de avião	trapp (m/f)	['trap]
check-in (m)	innsjekking (m/f)	['in,ʂɛkiŋ]
balcão (m) do check-in	innsjekkingsskranke (m)	['in,ʂɛkiŋs ,skrankə]
fazer o check-in	å sjekke inn	[ɔ 'ʂɛkə in]
cartão (m) de embarque	boardingkort (n)	['bɔːdiŋ,kɔːt]
porta (f) de embarque	gate (m/f)	['gejt]
trânsito (m)	transitt (m)	[tran'sit]
esperar (vi, vt)	å vente	[ɔ 'vɛntə]
sala (f) de espera	ventehall (m)	['vɛntə,hal]
despedir-se de …	å ta avskjed	[ɔ 'ta 'af,ʂɛd]
despedir-se (vr)	å si farvel	[ɔ 'si far'vɛl]

Eventos

109. Férias. Evento

festa (f)	fest (m)	['fɛst]
festa (f) nacional	nasjonaldag (m)	[naʂʉ'nal͵da]
feriado (m)	festdag (m)	['fɛst͵da]
festejar (vt)	å feire	[ɔ 'fæjrə]
evento (festa, etc.)	begivenhet (m/f)	[be'jiven͵het]
evento (banquete, etc.)	evenement (n)	[ɛvenə'maŋ]
banquete (m)	bankett (m)	[ban'kɛt]
receção (f)	resepsjon (m)	[rɛsɛp'ʂʉn]
festim (m)	fest (n)	['fɛst]
aniversário (m)	årsdag (m)	['oːʂ͵da]
jubileu (m)	jubileum (n)	[jʉbi'leʉm]
celebrar (vt)	å feire	[ɔ 'fæjrə]
Ano (m) Novo	nytt år (n)	['nʏt ͵oːr]
Feliz Ano Novo!	Godt nytt år!	['gɔt nʏt ͵oːr]
Pai (m) Natal	Julenissen	['jʉlə͵nisən]
Natal (m)	Jul (m/f)	['jʉl]
Feliz Natal!	Gledelig jul!	['gledəli 'jʉl]
árvore (f) de Natal	juletre (n)	['jʉlə͵trɛ]
fogo (m) de artifício	fyrverkeri (n)	[͵fyrværkə'ri]
boda (f)	bryllup (n)	['brʏlʉp]
noivo (m)	brudgom (m)	['brʉd͵gɔm]
noiva (f)	brud (m/f)	['brʉd]
convidar (vt)	å innby, å invitere	[ɔ 'inby], [ɔ invi'terə]
convite (m)	innbydelse (m)	[in'bydəlse]
convidado (m)	gjest (m)	['jɛst]
visitar (vt)	å besøke	[ɔ be'søkə]
receber os hóspedes	å hilse på gjestene	[ɔ 'hilsə pɔ 'jɛstenə]
presente (m)	gave (m/f)	['gavə]
oferecer (vt)	å gi	[ɔ 'ji]
receber presentes	å få gaver	[ɔ 'fɔ 'gavər]
ramo (m) de flores	bukett (m)	[bʉ'kɛt]
felicitações (f pl)	lykkønskning (m/f)	['lʏk͵ønskniŋ]
felicitar (dar os parabéns)	å gratulere	[ɔ gratʉ'lerə]
cartão (m) de parabéns	gratulasjonskort (n)	[gratʉla'ʂʉns͵kɔːt]
enviar um postal	å sende postkort	[ɔ 'sɛnə 'pɔst͵kɔːt]
receber um postal	å få postkort	[ɔ 'fɔ 'pɔst͵kɔːt]

brinde (m)	skål (m/f)	['skɔl]
oferecer (vt)	å tilby	[ɔ 'tilby]
champanhe (m)	champagne (m)	[ʂɑm'pɑnjə]
divertir-se (vr)	å more seg	[ɔ 'mʉrə sæj]
diversão (f)	munterhet (m)	['mʉntər‚het]
alegria (f)	glede (m/f)	['glede]
dança (f)	dans (m)	['dɑns]
dançar (vi)	å danse	[ɔ 'dɑnsə]
valsa (f)	vals (m)	['vɑls]
tango (m)	tango (m)	['tɑŋgʉ]

110. Funerais. Enterro

cemitério (m)	gravplass, kirkegård (m)	['grɑv‚plɑs], ['çirkə‚gɔːr]
sepultura (f), túmulo (m)	grav (m)	['grɑv]
cruz (f)	kors (n)	['kɔːʂ]
lápide (f)	gravstein (m)	['grɑf‚stæjn]
cerca (f)	gjerde (n)	['jærə]
capela (f)	kapell (n)	[kɑ'pɛl]
morte (f)	død (m)	['dø]
morrer (vi)	å dø	[ɔ 'dø]
defunto (m)	den avdøde	[den 'ɑv‚dødə]
luto (m)	sorg (m/f)	['sɔr]
enterrar, sepultar (vt)	å begrave	[ɔ be'grɑvə]
agência (f) funerária	begravelsesbyrå (n)	[be'grɑvəlsəs by‚ro]
funeral (m)	begravelse (m)	[be'grɑvəlsə]
coroa (f) de flores	krans (m)	['krɑns]
caixão (m)	likkiste (m/f)	['lik‚çistə]
carro (m) funerário	likbil (m)	['lik‚bil]
mortalha (f)	likklede (n)	['lik‚kledə]
procissão (f) funerária	gravfølge (n)	['grɑv‚følgə]
urna (f) funerária	askeurne (m/f)	['ɑskə‚ʉːɳə]
crematório (m)	krematorium (n)	[krɛmɑ'tʉrium]
obituário (m), necrologia (f)	nekrolog (m)	[nekrʉ'lɔg]
chorar (vi)	å gråte	[ɔ 'groːtə]
soluçar (vi)	å hulke	[ɔ 'hʉlkə]

111. Guerra. Soldados

pelotão (m)	tropp (m)	['trɔp]
companhia (f)	kompani (n)	[kʉmpɑ'ni]
regimento (m)	regiment (n)	[rɛgi'mɛnt]
exército (m)	hær (m)	['hær]
divisão (f)	divisjon (m)	[divi'ʂʉn]

destacamento (m)	tropp (m)	['trɔp]
hoste (f)	hær (m)	['hær]
soldado (m)	soldat (m)	[sʊl'dɑt]
oficial (m)	offiser (m)	[ɔfi'sɛr]
soldado (m) raso	menig (m)	['meni]
sargento (m)	sersjant (m)	[sær'ʂɑnt]
tenente (m)	løytnant (m)	['løjt‚nɑnt]
capitão (m)	kaptein (m)	[kɑp'tæjn]
major (m)	major (m)	[mɑ'jɔr]
coronel (m)	oberst (m)	['ʊbɛʂt]
general (m)	general (m)	[gene'rɑl]
marujo (m)	sjømann (m)	['ʂø‚mɑn]
capitão (m)	kaptein (m)	[kɑp'tæjn]
contramestre (m)	båtsmann (m)	['bɔs‚mɑn]
artilheiro (m)	artillerist (m)	[‚ɑːtile'rist]
soldado (m) paraquedista	fallskjermjeger (m)	['fɑl‚særm 'jɛːgər]
piloto (m)	flyger, flyver (m)	['flygər], ['flyvər]
navegador (m)	styrmann (m)	['styr‚mɑn]
mecânico (m)	mekaniker (m)	[me'kɑnikər]
sapador (m)	pioner (m)	[piʊ'ner]
paraquedista (m)	fallskjermhopper (m)	['fɑl‚særm 'hɔpər]
explorador (m)	oppklaringssoldat (m)	['ɔp‚klɑriŋ sʊl'dɑt]
franco-atirador (m)	skarpskytte (m)	['skɑrp‚ʂʏtə]
patrulha (f)	patrulje (m)	[pɑ'trʉlje]
patrulhar (vt)	å patruljere	[ɔ pɑtrʉ'ljerə]
sentinela (f)	vakt (m)	['vɑkt]
guerreiro (m)	kriger (m)	['krigər]
patriota (m)	patriot (m)	[pɑtri'ɔt]
herói (m)	helt (m)	['hɛlt]
heroína (f)	heltinne (m)	['hɛlt‚inə]
traidor (m)	forræder (m)	[fɔ'rædər]
trair (vt)	å forråde	[ɔ fɔ'rɔːdə]
desertor (m)	desertør (m)	[desæː'tør]
desertar (vt)	å desertere	[ɔ desæː'terə]
mercenário (m)	leiesoldat (m)	['læjesʊl‚dɑt]
recruta (m)	rekrutt (m)	[re'krʉt]
voluntário (m)	frivillig (m)	['fri‚vili]
morto (m)	drept (m)	['drɛpt]
ferido (m)	såret (m)	['soːrə]
prisioneiro (m) de guerra	fange (m)	['fɑŋə]

112. Guerra. Ações militares. Parte 1

guerra (f)	krig (m)	['krig]
guerrear (vt)	å være i krig	[ɔ 'værə i ‚krig]

guerra (f) civil	borgerkrig (m)	['bɔrgər͵krig]
perfidamente	lumsk, forræderisk	['lʉmsk], [fɔ'rædərisk]
declaração (f) de guerra	krigserklæring (m)	['krigs ær͵klæriŋ]
declarar (vt) guerra	å erklære	[ɔ ær'klærə]
agressão (f)	aggresjon (m)	[agre'ʂʉn]
atacar (vt)	å angripe	[ɔ 'aŋ͵gripə]
invadir (vt)	å invadere	[ɔ inva'derə]
invasor (m)	angriper (m)	['aŋ͵gripər]
conquistador (m)	erobrer (m)	[ɛ'rʉbrər]
defesa (f)	forsvar (n)	['fʉ͵ʂvar]
defender (vt)	å forsvare	[ɔ fɔ'ʂvarə]
defender-se (vr)	å forsvare seg	[ɔ fɔ'ʂvarə sæj]
inimigo (m)	fiende (m)	['fiɛndə]
adversário (m)	motstander (m)	['mʉt͵stanər]
inimigo	fiendtlig	['fjɛntli]
estratégia (f)	strategi (m)	[strate'gi]
tática (f)	taktikk (m)	[tak'tik]
ordem (f)	ordre (m)	['ɔrdrə]
comando (m)	ordre, kommando (m/f)	['ɔrdrə], ['kʉ'mandʉ]
ordenar (vt)	å beordre	[ɔ be'ɔrdrə]
missão (f)	oppdrag (m)	['ɔpdrag]
secreto	hemmelig	['hɛməli]
batalha (f), combate (m)	slag (n)	['ʂlag]
batalha (f)	batalje (m)	[ba'taljə]
combate (m)	kamp (m)	['kamp]
ataque (m)	angrep (n)	['an͵grɛp]
assalto (m)	storm (m)	['stɔrm]
assaltar (vt)	å storme	[ɔ 'stɔrmə]
assédio, sítio (m)	beleiring (m/f)	[be'læjriŋ]
ofensiva (f)	offensiv (m), angrep (n)	['ɔfen͵sif], ['an͵grɛp]
passar à ofensiva	å angripe	[ɔ 'aŋ͵gripə]
retirada (f)	retrett (m)	[rɛ'trɛt]
retirar-se (vr)	å retirere	[ɔ reti'rerə]
cerco (m)	omringing (m/f)	['ɔm͵riŋiŋ]
cercar (vt)	å omringe	[ɔ 'ɔm͵riŋə]
bombardeio (m)	bombing (m/f)	['bʉmbiŋ]
lançar uma bomba	å slippe bombe	[ɔ 'ʂlipe 'bʉmbə]
bombardear (vt)	å bombardere	[ɔ bʉmbɑ:'d̦erə]
explosão (f)	eksplosjon (m)	[ɛksplʉ'ʂʉn]
tiro (m)	skudd (n)	['skʉd]
disparar um tiro	å skyte av	[ɔ 'ʂyte ɑ:]
tiroteio (m)	skytning (m/f)	['ʂytniŋ]
apontar para ...	å sikte på ...	[ɔ 'siktə pɔ ...]
apontar (vt)	å rette	[ɔ 'rɛtə]

acertar (vt)	å treffe	[ɔ 'trɛfə]
afundar (um navio)	å senke	[ɔ 'sɛnkə]
brecha (f)	hull (n)	['hʉl]
afundar-se (vr)	å synke	[ɔ 'sʏnkə]
frente (m)	front (m)	['frɔnt]
evacuação (f)	evakuering (m/f)	[ɛvɑkʉ'eriŋ]
evacuar (vt)	å evakuere	[ɔ ɛvɑkʉ'erə]
trincheira (f)	skyttergrav (m)	['ʂytəˌgrɑv]
arame (m) farpado	piggtråd (m)	['pigˌtrɔd]
obstáculo (m) anticarro	hinder (n), sperring (m/f)	['hindər], ['spɛriŋ]
torre (f) de vigia	vakttårn (n)	['vɑktˌtɔ:n]
hospital (m)	militærsykehus (n)	[mili'tærˌsykə'hʉs]
ferir (vt)	å såre	[ɔ 'so:rə]
ferida (f)	sår (n)	['sɔr]
ferido (m)	såret (n)	['so:rə]
ficar ferido	å bli såret	[ɔ 'bli 'so:rət]
grave (ferida ~)	alvorlig	[ɑl'vɔ:ḷi]

113. Guerra. Ações militares. Parte 2

cativeiro (m)	fangeskap (n)	['fɑŋəˌskɑp]
capturar (vt)	å ta til fange	[ɔ 'tɑ til 'fɑŋə]
estar em cativeiro	å være i fangeskap	[ɔ 'værə i 'fɑŋəˌskɑp]
ser aprisionado	å bli tatt til fange	[ɔ 'bli tɑt til 'fɑŋə]
campo (m) de concentração	konsentrasjonsleir (m)	[kʉnsəntrɑ'ʂʉnsˌlæjr]
prisioneiro (m) de guerra	fange (m)	['fɑŋə]
escapar (vi)	å flykte	[ɔ 'flʏktə]
trair (vt)	å forråde	[ɔ fɔ'rɔ:də]
traidor (m)	forræder (m)	[fɔ'rædər]
traição (f)	forræderi (n)	[fɔrædə'ri]
fuzilar, executar (vt)	å henrette ved skyting	[ɔ 'hɛnˌrɛtə ve 'ʂytiŋ]
fuzilamento (m)	skyting (m/f)	['ʂytiŋ]
equipamento (m)	mundering (m/f)	[mʉn'dɛriŋ]
platina (f)	skulderklaff (m)	['skʉldərˌklɑf]
máscara (f) antigás	gassmaske (m/f)	['gɑsˌmɑskə]
rádio (m)	feltradio (m)	['fɛltˌrɑdiʉ]
cifra (f), código (m)	chiffer (n)	['ʂifər]
conspiração (f)	hemmeligholdelse (m)	['hɛməliˌhɔləlsə]
senha (f)	passord (n)	['pɑsˌu:r]
mina (f)	mine (m/f)	['minə]
minar (vt)	å minelegge	[ɔ 'minəˌlegə]
campo (m) minado	minefelt (n)	['minəˌfɛlt]
alarme (m) aéreo	flyalarm (m)	['fly ɑ'lɑrm]
alarme (m)	alarm (m)	[ɑ'lɑrm]

sinal (m)	signal (n)	[siŋˈnɑl]
sinalizador (m)	signalrakett (m)	[siŋˈnɑl rɑˈkɛt]

estado-maior (m)	stab (m)	[ˈstɑb]
reconhecimento (m)	oppklaring (m/f)	[ˈɔpˌklɑriŋ]
situação (f)	situasjon (m)	[sitʉɑˈʂʉn]
relatório (m)	rapport (m)	[rɑˈpɔːʈ]
emboscada (f)	bakhold (n)	[ˈbɑkˌhɔl]
reforço (m)	forsterkning (m/f)	[fɔˈʂtærkniŋ]

alvo (m)	mål (n)	[ˈmol]
campo (m) de tiro	skytefelt (n)	[ˈʂytəˌfɛlt]
manobras (f pl)	manøverer (m pl)	[mɑˈnøvər]

pânico (m)	panikk (m)	[pɑˈnik]
devastação (f)	ødeleggelse (m)	[ˈødəˌlegəlsə]
ruínas (f pl)	ruiner (m pl)	[rʉˈinər]
destruir (vt)	å ødelegge	[ɔ ˈødəˌlegə]

sobreviver (vi)	å overleve	[ɔ ˈɔvəˌleve]
desarmar (vt)	å avvæpne	[ɔ ˈɑvˌvæpnə]
manusear (vt)	å handtere	[ɔ hanˈterə]

Firmes!	Rett! | Gi-akt!	[ˈrɛt], [ˈjiːˈɑkt]
Descansar!	Hvil!	[ˈvil]

façanha (f)	bedrift (m)	[beˈdrift]
juramento (m)	ed (m)	[ˈɛd]
jurar (vi)	å sverge	[ɔ ˈsværgə]

condecoração (f)	belønning (m/f)	[beˈlœniŋ]
condecorar (vt)	å belønne	[ɔ beˈlœnə]
medalha (f)	medalje (m)	[meˈdɑljə]
ordem (f)	orden (m)	[ˈɔrdən]

vitória (f)	seier (m)	[ˈsæjər]
derrota (f)	nederlag (n)	[ˈnedəˌlɑg]
armistício (m)	våpenhvile (m)	[ˈvɔpənˌvilə]

bandeira (f)	fane (m)	[ˈfɑnə]
glória (f)	berømmelse (m)	[beˈrœməlsə]
desfile (m) militar	parade (m)	[pɑˈrɑdə]
marchar (vi)	å marsjere	[ɔ mɑˈʂerə]

114. Armas

arma (f)	våpen (n)	[ˈvɔpən]
arma (f) de fogo	skytevåpen (n)	[ˈʂyteˌvɔpən]
arma (f) branca	blankvåpen (n)	[ˈblɑnkˌvɔpən]

arma (f) química	kjemisk våpen (n)	[ˈçemisk ˌvɔpən]
nuclear	kjerne-	[ˈçæːŋə-]
arma (f) nuclear	kjernevåpen (n)	[ˈçæːŋəˌvɔpən]
bomba (f)	bombe (m)	[ˈbʉmbə]

bomba (f) atómica	atombombe (m)	[a'tʊmˌbʊmbə]
pistola (f)	pistol (m)	[pi'stʊl]
caçadeira (f)	gevær (n)	[ge'vær]
pistola-metralhadora (f)	maskinpistol (m)	[maˈʂin piˌstʊl]
metralhadora (f)	maskingevær (n)	[maˈʂin geˌvær]

boca (f)	munning (m)	['mʉniŋ]
cano (m)	løp (n)	['løp]
calibre (m)	kaliber (m/n)	[ka'libər]

gatilho (m)	avtrekker (m)	['avˌtrɛkər]
mira (f)	sikte (n)	['siktə]
carregador (m)	magasin (n)	[maga'sin]
coronha (f)	kolbe (m)	['kɔlbə]

granada (f) de mão	håndgranat (m)	['hɔnˌgra'nat]
explosivo (m)	sprengstoff (n)	['sprɛŋˌstɔf]

bala (f)	kule (m/f)	['kʉːlə]
cartucho (m)	patron (m)	[pa'trʊn]
carga (f)	ladning (m)	['ladniŋ]
munições (f pl)	ammunisjon (m)	[amʉniˈʂʊn]

bombardeiro (m)	bombefly (n)	['bʊmbəˌfly]
avião (m) de caça	jagerfly (n)	['jagərˌfly]
helicóptero (m)	helikopter (n)	[heli'kɔptər]

canhão (m) antiaéreo	luftvernkanon (m)	['lʉftvɛːr̩ ka'nʊn]
tanque (m)	stridsvogn (m/f)	['stridsˌvɔŋn]
canhão (de um tanque)	kanon (m)	[ka'nʊn]

artilharia (f)	artilleri (n)	[ˌaːt̪ile'ri]
canhão (m)	kanon (m)	[ka'nʊn]
fazer a pontaria	å rette	[ɔ 'rɛtə]

obus (m)	projektil (m)	[prʊek'til]
granada (f) de morteiro	granat (m/f)	[gra'nat]
morteiro (m)	granatkaster (m)	[gra'natˌkastər]
estilhaço (m)	splint (m)	['splint]

submarino (m)	ubåt (m)	['ʉːˌbot]
torpedo (m)	torpedo (m)	[tʊr'pedʊ]
míssil (m)	rakett (m)	[ra'kɛt]

carregar (uma arma)	å lade	[ɔ 'ladə]
atirar, disparar (vi)	å skyte	[ɔ 'ʂytə]
apontar para ...	å sikte på ...	[ɔ 'siktə pɔ ...]
baioneta (f)	bajonett (m)	[bajo'nɛt]

espada (f)	kårde (m)	['koːrdə]
sabre (m)	sabel (m)	['sabəl]
lança (f)	spyd (n)	['spyd]
arco (m)	bue (m)	['bʉːə]
flecha (f)	pil (m/f)	['pil]
mosquete (m)	muskett (m)	[mʉ'skɛt]
besta (f)	armbrøst (m)	['armˌbrøst]

115. Povos da antiguidade

primitivo	ur-	['ʉr-]
pré-histórico	forhistorisk	['fɔrhiˌstʉrisk]
antigo	oldtidens, antikkens	['ɔlˌtidəns], [ɑn'tikəns]
Idade (f) da Pedra	Steinalderen	['stæjnˌɑlderən]
Idade (f) do Bronze	bronsealder (m)	['brɔnsəˌɑldər]
período (m) glacial	istid (m/f)	['isˌtid]
tribo (f)	stamme (m)	['stɑmə]
canibal (m)	kannibal (m)	[kɑni'bɑl]
caçador (m)	jeger (m)	['jɛːgər]
caçar (vi)	å jage	[ɔ 'jɑgə]
mamute (m)	mammut (m)	['mɑmʉt]
caverna (f)	grotte (m/f)	['grɔtə]
fogo (m)	ild (m)	['il]
fogueira (f)	bål (n)	['bɔl]
pintura (f) rupestre	helleristning (m/f)	['hɛləˌristniŋ]
ferramenta (f)	redskap (m/n)	['rɛdˌskɑp]
lança (f)	spyd (n)	['spyd]
machado (m) de pedra	steinøks (m/f)	['stæjnˌøks]
guerrear (vt)	å være i krig	[ɔ 'værə i ˌkrig]
domesticar (vt)	å temme	[ɔ 'tɛmə]
ídolo (m)	idol (n)	[i'dʉl]
adorar, venerar (vt)	å dyrke	[ɔ 'dyrkə]
superstição (f)	overtro (m)	['ovəˌtrʉ]
ritual (m)	ritual (n)	[ritʉ'ɑl]
evolução (f)	evolusjon (m)	[ɛvolʉ'ʂʉn]
desenvolvimento (m)	utvikling (m/f)	['ʉtˌvikliŋ]
desaparecimento (m)	forsvinning (m/f)	[fɔ'ʂviniŋ]
adaptar-se (vr)	å tilpasse seg	[ɔ 'tilˌpɑsə sæj]
arqueologia (f)	arkeologi (m)	[ˌɑrkeʉlʉ'gi]
arqueólogo (m)	arkeolog (m)	[ˌɑrkeʉ'lɔg]
arqueológico	arkeologisk	[ˌɑrkeʉ'lɔgisk]
local (m) das escavações	utgravingssted (n)	['ʉtˌgrɑviŋs ˌsted]
escavações (f pl)	utgravinger (m/f pl)	['ʉtˌgrɑviŋər]
achado (m)	funn (n)	['fʉn]
fragmento (m)	fragment (n)	[frɑg'mɛnt]

116. Idade média

povo (m)	folk (n)	['fɔlk]
povos (m pl)	folk (n pl)	['fɔlk]
tribo (f)	stamme (m)	['stɑmə]
tribos (f pl)	stammer (m pl)	['stɑmər]
bárbaros (m pl)	barbarer (m pl)	[bɑr'bɑrər]

gauleses (m pl)	gallere (m pl)	['galerə]
godos (m pl)	gotere (m pl)	['gɔterə]
eslavos (m pl)	slavere (m pl)	['slavɛrə]
víquingues (m pl)	vikinger (m pl)	['vikiŋər]
romanos (m pl)	romere (m pl)	['rʊmerə]
romano	romersk	['rʊmæʂk]
bizantinos (m pl)	bysantiner (m pl)	[bysɑn'tinər]
Bizâncio	Bysants	[by'sɑnts]
bizantino	bysantinsk	[bysɑn'tinsk]
imperador (m)	keiser (m)	['kæjsər]
líder (m)	høvding (m)	['høvdiŋ]
poderoso	mektig	['mɛkti]
rei (m)	konge (m)	['kʊŋə]
governante (m)	hersker (m)	['hæʂkər]
cavaleiro (m)	ridder (m)	['ridər]
senhor feudal (m)	føydalherre (m)	['føjdɑl‚hɛrə]
feudal	føydal	['føjdɑl]
vassalo (m)	vasall (m)	[va'sɑl]
duque (m)	hertug (m)	['hæːtʉg]
conde (m)	greve (m)	['grevə]
barão (m)	baron (m)	[bɑ'rʊn]
bispo (m)	biskop (m)	['biskɔp]
armadura (f)	rustning (m/f)	['rʉstniŋ]
escudo (m)	skjold (n)	['ʂɔl]
espada (f)	sverd (n)	['sværd]
viseira (f)	visir (n)	[vi'sir]
cota (f) de malha	ringbrynje (m/f)	['riŋ‚brynjə]
cruzada (f)	korstog (n)	['kɔːʂ‚tɔg]
cruzado (m)	korsfarer (m)	['kɔːʂ‚farər]
território (m)	territorium (n)	[tɛri'tʊrium]
atacar (vt)	å angripe	[ɔ 'ɑn‚gripə]
conquistar (vt)	å erobre	[ɔ ɛ'rʉbrə]
ocupar, invadir (vt)	å okkupere	[ɔ ɔkʉ'perə]
assédio, sítio (m)	beleiring (m/f)	[be'læjriŋ]
sitiado	beleiret	[be'læjrət]
assediar, sitiar (vt)	å beleire	[ɔ be'læjre]
inquisição (f)	inkvisisjon (m)	[inkvisi'ʂʊn]
inquisidor (m)	inkvisitor (m)	[inkvi'sitʊr]
tortura (f)	tortur (m)	[tɔː'tʉr]
cruel	brutal	[brʉ'tɑl]
herege (m)	kjetter (m)	['çɛtər]
heresia (f)	kjetteri (n)	[çɛtə'ri]
navegação (f) marítima	sjøfart (m)	['ʂø‚faːt]
pirata (m)	pirat, sjørøver (m)	['pi'rɑt], ['ʂø‚røvər]
pirataria (f)	sjørøveri (n)	['ʂø røvɛ'ri]

abordagem (f)	entring (m/f)	['ɛntriŋ]
presa (f), butim (m)	bytte (n)	['bʏtə]
tesouros (m pl)	skatter (m pl)	['skatər]
descobrimento (m)	oppdagelse (m)	['ɔp‚dagəlsə]
descobrir (novas terras)	å oppdage	[ɔ 'ɔp‚dagə]
expedição (f)	ekspedisjon (m)	[ɛkspedi'ʂʊn]
mosqueteiro (m)	musketer (m)	[mʉskə'ter]
cardeal (m)	kardinal (m)	[kɑːdʲi'nɑl]
heráldica (f)	heraldikk (m)	[herɑl'dik]
heráldico	heraldisk	[he'rɑldisk]

117. Líder. Chefe. Autoridades

rei (m)	konge (m)	['kʊŋə]
rainha (f)	dronning (m/f)	['drɔniŋ]
real	kongelig	['kʊŋəli]
reino (m)	kongerike (n)	['kʊŋə‚rikə]
príncipe (m)	prins (m)	['prins]
princesa (f)	prinsesse (m/f)	[prin'sɛsə]
presidente (m)	president (m)	[prɛsi'dɛnt]
vice-presidente (m)	visepresident (m)	['visə prɛsi'dɛnt]
senador (m)	senator (m)	[se'nɑtʊr]
monarca (m)	monark (m)	[mʊ'nɑrk]
governante (m)	hersker (m)	['hæʂkər]
ditador (m)	diktator (m)	[dik'tɑtʊr]
tirano (m)	tyrann (m)	[ty'rɑn]
magnata (m)	magnat (m)	[mɑŋ'nɑt]
diretor (m)	direktør (m)	[dirɛk'tør]
chefe (m)	sjef (m)	['ʂɛf]
dirigente (m)	forstander (m)	[fɔ'ʂtɑndər]
patrão (m)	boss (m)	['bɔs]
dono (m)	eier (m)	['æjər]
líder, chefe (m)	leder (m)	['ledər]
chefe (~ de delegação)	leder (m)	['ledər]
autoridades (f pl)	myndigheter (m pl)	['mʏndi‚hetər]
superiores (m pl)	overordnede (pl)	['ɔvər‚ɔrdnedə]
governador (m)	guvernør (m)	[gʉver'nør]
cônsul (m)	konsul (m)	['kʊn‚sʉl]
diplomata (m)	diplomat (m)	[diplʉ'mɑt]
Presidente (m) da Câmara	borgermester (m)	[bɔrgər'mɛstər]
xerife (m)	sheriff (m)	[ʂɛ'rif]
imperador (m)	keiser (m)	['kæjsər]
czar (m)	tsar (m)	['tsɑr]
faraó (m)	farao (m)	['fɑrɑu]
cã (m)	khan (m)	['kɑn]

118. Viloação da lei. Criminosos. Parte 1

bandido (m)	banditt (m)	[bɑn'dit]
crime (m)	forbrytelse (m)	[fɔr'brytəlsə]
criminoso (m)	forbryter (m)	[fɔr'brytər]
ladrão (m)	tyv (m)	['tyv]
roubar (vt)	å stjele	[ɔ 'stjelə]
raptar (ex. ~ uma criança)	å kidnappe	[ɔ 'kid,nɛpə]
rapto (m)	kidnapping (m)	['kid,nɛpiŋ]
raptor (m)	kidnapper (m)	['kid,nɛpər]
resgate (m)	løsepenger (m pl)	['løsə,pɛŋər]
pedir resgate	å kreve løsepenger	[ɔ 'krevə 'løsə,pɛŋər]
roubar (vt)	å rane	[ɔ 'ranə]
assalto, roubo (m)	ran (n)	['ran]
assaltante (m)	raner (m)	['ranər]
extorquir (vt)	å presse ut	[ɔ 'prɛsə ʉt]
extorsionário (m)	utpresser (m)	['ʉt,prɛsər]
extorsão (f)	utpressing (m/f)	['ʉt,prɛsiŋ]
matar, assassinar (vt)	å myrde	[ɔ 'myːdə]
homicídio (m)	mord (n)	['mʊr]
homicida, assassino (m)	morder (m)	['mʊrdər]
tiro (m)	skudd (n)	['skʉd]
dar um tiro	å skyte av	[ɔ 'ṣytə ɑː]
matar a tiro	å skyte ned	[ɔ 'ṣytə ne]
atirar, disparar (vi)	å skyte	[ɔ 'ṣytə]
tiroteio (m)	skyting, skytning (m/f)	['ṣytiŋ], ['ṣytniŋ]
incidente (m)	hendelse (m)	['hɛndəlsə]
briga (~ de rua)	slagsmål (n)	['ṣlaks,mol]
Socorro!	Hjelp!	['jɛlp]
vítima (f)	offer (n)	['ɔfər]
danificar (vt)	å skade	[ɔ 'skɑdə]
dano (m)	skade (m)	['skɑdə]
cadáver (m)	lik (n)	['lik]
grave	alvorlig	[al'vɔːli̥]
atacar (vt)	å anfalle	[ɔ 'an,falə]
bater (espancar)	å slå	[ɔ 'ṣlɔ]
espancar (vt)	å klå opp	[ɔ 'klɔ ɔp]
tirar, roubar (dinheiro)	å berøve	[ɔ be'røvə]
esfaquear (vt)	å stikke i hjel	[ɔ 'stikə i 'jel]
mutilar (vt)	å lemleste	[ɔ 'lem,lestə]
ferir (vt)	å såre	[ɔ 'soːrə]
chantagem (f)	utpressing (m/f)	['ʉt,prɛsiŋ]
chantagear (vt)	å utpresse	[ɔ 'ʉt,prɛsə]
chantagista (m)	utpresser (m)	['ʉt,prɛsər]

extorsão (em troca de proteção)	utpressing (m/f)	['ʉtˌprɛsiŋ]
extorsionário (m)	utpresser (m)	['ʉtˌprɛsər]
gângster (m)	gangster (m)	['gɛŋstər]
máfia (f)	mafia (m)	['mɑfiɑ]
carteirista (m)	lommetyv (m)	['lʊməˌtyv]
assaltante, ladrão (m)	innbruddstyv (m)	['inbrʉdsˌtyv]
contrabando (m)	smugling (m/f)	['smʉgliŋ]
contrabandista (m)	smugler (m)	['smʉglər]
falsificação (f)	forfalskning (m/f)	[fɔr'fɑlskniŋ]
falsificar (vt)	å forfalske	[ɔ fɔr'fɑlskə]
falsificado	falsk	['fɑlsk]

119. Violação da lei. Criminosos. Parte 2

violação (f)	voldtekt (m)	['vɔlˌtɛkt]
violar (vt)	å voldta	[ɔ 'vɔlˌtɑ]
violador (m)	voldtektsmann (m)	['vɔlˌtɛkts mɑn]
maníaco (m)	maniker (m)	['mɑnikər]
prostituta (f)	prostituert (m)	[prʊstitʉ'eːt]
prostituição (f)	prostitusjon (m)	[prʊstitʉ'ʂʊn]
chulo (m)	hallik (m)	['hɑlik]
toxicodependente (m)	narkoman (m)	[nɑrkʊ'mɑn]
traficante (m)	narkolanger (m)	['nɑrkɔˌlɑŋər]
explodir (vt)	å sprenge	[ɔ 'sprɛŋə]
explosão (f)	eksplosjon (m)	[ɛksplʊ'ʂʊn]
incendiar (vt)	å sette fyr	[ɔ 'sɛtə ˌfyr]
incendiário (m)	brannstifter (m)	['brɑnˌstiftər]
terrorismo (m)	terrorisme (m)	[tɛrʊ'rismə]
terrorista (m)	terrorist (m)	[tɛrʊ'rist]
refém (m)	gissel (m)	['jisəl]
enganar (vt)	å bedra	[ɔ be'drɑ]
engano (m)	bedrag (n)	[be'drɑg]
vigarista (m)	bedrager, svindler (m)	[be'drɑgər], ['svindlər]
subornar (vt)	å bestikke	[ɔ be'stikə]
suborno (atividade)	bestikkelse (m)	[be'stikəlsə]
suborno (dinheiro)	bestikkelse (m)	[be'stikəlsə]
veneno (m)	gift (m/f)	['jift]
envenenar (vt)	å forgifte	[ɔ fɔr'jiftə]
envenenar-se (vr)	å forgifte seg selv	[ɔ fɔr'jiftə sæj sɛl]
suicídio (m)	selvmord (n)	['sɛlˌmʊr]
suicida (m)	selvmorder (m)	['sɛlˌmʊrdər]
ameaçar (vt)	å true	[ɔ 'trʉə]
ameaça (f)	trussel (m)	['trʉsəl]

atentar contra a vida de ...	å begå mordforsøk	[ɔ be'gɔ 'mʊrdfɔˌsøk]
atentado (m)	mordforsøk (n)	['mʊrdfɔˌsøk]
roubar (o carro)	å stjele	[ɔ 'stjelə]
desviar (o avião)	å kapre	[ɔ 'kaprə]
vingança (f)	hevn (m)	['hɛvn]
vingar (vt)	å hevne	[ɔ 'hɛvnə]
torturar (vt)	å torturere	[ɔ tɔːtʉ'rerə]
tortura (f)	tortur (m)	[tɔː'tʉr]
atormentar (vt)	å plage	[ɔ 'plagə]
pirata (m)	pirat, sjørøver (m)	['pi'rat], ['søˌrøvər]
desordeiro (m)	bølle (m)	['bølə]
armado	bevæpnet	[be'væpnət]
violência (f)	vold (m)	['vɔl]
ilegal	illegal	['ileˌgal]
espionagem (f)	spionasje (m)	[spiʊ'naʂə]
espionar (vi)	å spionere	[ɔ spiʊ'nerə]

120. Polícia. Lei. Parte 1

justiça (f)	justis (m), rettspleie (m/f)	['jʉ'stis], ['rɛtsˌplæeje]
tribunal (m)	rettssal (m)	['rɛtsˌsal]
juiz (m)	dommer (m)	['dɔmər]
jurados (m pl)	lagrettemedlemmer (n pl)	['lagˌrɛtə medle'mer]
tribunal (m) do júri	lagrette, juryordning (m)	['lagˌrɛtə], ['jʉriˌɔrdniŋ]
julgar (vt)	å dømme	[ɔ 'dœmə]
advogado (m)	advokat (m)	[advʊ'kat]
réu (m)	anklaget (m)	['anˌklagət]
banco (m) dos réus	anklagebenk (m)	[an'klagəˌbɛnk]
acusação (f)	anklage (m)	['anˌklagə]
acusado (m)	anklagede (m)	['anˌklagədə]
sentença (f)	dom (m)	['dɔm]
sentenciar (vt)	å dømme	[ɔ 'dœmə]
culpado (m)	skyldige (m)	['ṣyldiə]
punir (vt)	å straffe	[ɔ 'strafə]
punição (f)	straff, avstraffelse (m)	['straf], ['afˌstrafəlsə]
multa (f)	bot (m/f)	['bʊt]
prisão (f) perpétua	livsvarig fengsel (n)	['lifsˌvari 'fɛŋsəl]
pena (f) de morte	dødsstraff (m/f)	['dødˌstraf]
cadeira (f) elétrica	elektrisk stol (m)	[ɛ'lektrisk ˌstʊl]
forca (f)	galge (m)	['galgə]
executar (vt)	å henrette	[ɔ 'hɛnˌrɛtə]
execução (f)	henrettelse (m)	['hɛnˌrɛtəlsə]

prisão (f)	fengsel (n)	['fɛŋsəl]
cela (f) de prisão	celle (m)	['sɛlə]

escolta (f)	eskorte (m)	[ɛs'kɔːtə]
guarda (m) prisional	fangevokter (m)	['faŋəˌvɔktər]
preso (m)	fange (m)	['faŋə]

algemas (f pl)	håndjern (n pl)	['hɔnˌjæːn]
algemar (vt)	å sette håndjern	[ɔ 'sɛtə 'hɔnˌjæːn]

fuga, evasão (f)	flykt (m/f)	['flʏkt]
fugir (vi)	å flykte, å rømme	[ɔ 'flʏktə], [ɔ 'rœmə]
desaparecer (vi)	å forsvinne	[ɔ fɔ'ʂvinə]
soltar, libertar (vt)	å løslate	[ɔ 'løsˌlatə]
amnistia (f)	amnesti (m)	[amnɛ'sti]

polícia (instituição)	politi (n)	[pʉli'ti]
polícia (m)	politi (m)	[pʉli'ti]
esquadra (f) de polícia	politistasjon (m)	[pʉli'tiˌstɑ'ʂʉn]
cassetete (m)	gummikølle (m/f)	['gʉmiˌkølə]
megafone (m)	megafon (m)	[mega'fʉn]

carro (m) de patrulha	patruljebil (m)	[pɑ'trʉljəˌbil]
sirene (f)	sirene (m/f)	[si'renə]
ligar a sirene	å slå på sirenen	[ɔ 'ʂlɔ pɔ si'renən]
toque (m) da sirene	sirene hyl (n)	[si'renə ˌhyl]

cena (f) do crime	åsted (n)	['ɔsted]
testemunha (f)	vitne (n)	['vitnə]
liberdade (f)	frihet (m)	['friˌhet]
cúmplice (m)	medskyldig (m)	['mɛˌsyldi]
escapar (vi)	å flykte	[ɔ 'flʏktə]
traço (não deixar ~s)	spor (n)	['spʊr]

121. Polícia. Lei. Parte 2

procura (f)	ettersøking (m/f)	['ɛtəˌsøkiŋ]
procurar (vt)	å søke etter ...	[ɔ 'søkə ˌɛtər ...]
suspeita (f)	mistanke (m)	['misˌtɑnkə]
suspeito	mistenkelig	[mis'tɛnkəli]
parar (vt)	å stoppe	[ɔ 'stɔpə]
deter (vt)	å anholde	[ɔ 'ɑnˌhɔlə]

caso (criminal)	sak (m/f)	['sɑk]
investigação (f)	etterforskning (m/f)	['ɛtərˌfɔʂkniŋ]
detetive (m)	detektiv (m)	[detɛk'tiv]
investigador (m)	etterforsker (m)	['ɛtərˌfɔʂkər]
versão (f)	versjon (m)	[væ'ʂʉn]

motivo (m)	motiv (n)	[mʉ'tiv]
interrogatório (m)	forhør (n)	[fɔr'hør]
interrogar (vt)	å forhøre	[ɔ fɔr'hørə]
questionar (vt)	å avhøre	[ɔ 'avˌhørə]
verificação (f)	sjekking (m/f)	['ʂɛkiŋ]

batida (f) policial	rassia, razzia (m)	['rɑsiɑ]
busca (f)	ransakelse (m)	['rɑnˌsɑkəlsə]
perseguição (f)	jakt (m/f)	['jɑkt]
perseguir (vt)	å forfølge	[ɔ fɔr'følə]
seguir (vt)	å spore	[ɔ 'spʊrə]

prisão (f)	arrest (m)	[ɑ'rɛst]
prender (vt)	å arrestere	[ɔ arɛ'sterə]
pegar, capturar (vt)	å fange	[ɔ 'fɑŋə]
captura (f)	pågripelse (m)	['pɔˌgripəlsə]

documento (m)	dokument (n)	[dɔkʉ'mɛnt]
prova (f)	bevis (n)	[be'vis]
provar (vt)	å bevise	[ɔ be'visə]
pegada (f)	fotspor (n)	['fʊtˌspʊr]
impressões (f pl) digitais	fingeravtrykk (n pl)	['fiŋərˌɑvtrʏk]
prova (f)	bevis (n)	[be'vis]

álibi (m)	alibi (n)	['ɑlibi]
inocente	uskyldig	[ʉ'ʂyldi]
injustiça (f)	urettferdighet (m)	['ʉrɛtfærdiˌhet]
injusto	urettferdig	['ʉrɛtˌfærdi]

criminal	kriminell	[krimi'nɛl]
confiscar (vt)	å konfiskere	[ɔ kʊnfi'skerə]
droga (f)	narkotika (m)	[nɑr'kɔtikɑ]
arma (f)	våpen (n)	['vɔpən]
desarmar (vt)	å avvæpne	[ɔ 'ɑvˌvæpnə]
ordenar (vt)	å befale	[ɔ be'fɑlə]
desaparecer (vi)	å forsvinne	[ɔ fɔ'şvinə]

lei (f)	lov (m)	['lɔv]
legal	lovlig	['lɔvli]
ilegal	ulovlig	[ʉ'lɔvli]

| responsabilidade (f) | ansvar (n) | ['ɑnˌsvɑr] |
| responsável | ansvarlig | [ɑns'vɑːli] |

NATUREZA

A Terra. Parte 1

122. Espaço sideral

cosmos (m)	rommet, kosmos (n)	['rʊmə], ['kɔsmɔs]
cósmico	rom-	['rʊm-]
espaço (m) cósmico	ytre rom (n)	['ytrə ˌrʊm]
mundo (m)	verden (m)	['værdən]
universo (m)	univers (n)	[ʉni'væʂ]
galáxia (f)	galakse (m)	[ɡɑ'lɑksə]
estrela (f)	stjerne (m/f)	['stjæːnə]
constelação (f)	stjernebilde (n)	['stjæːnəˌbildə]
planeta (m)	planet (m)	[plɑ'net]
satélite (m)	satellitt (m)	[sɑtɛ'lit]
meteorito (m)	meteoritt (m)	[meteʊ'rit]
cometa (m)	komet (m)	[kʊ'met]
asteroide (m)	asteroide (n)	[ɑsterʊ'idə]
órbita (f)	bane (m)	['bɑnə]
girar (vi)	å rotere	[ɔ rɔ'terə]
atmosfera (f)	atmosfære (m)	[ɑtmʊ'sfærə]
Sol (m)	Solen	['sʊlən]
Sistema (m) Solar	solsystem (n)	['sʊl sʏ'stem]
eclipse (m) solar	solformørkelse (m)	['sʊl fɔr'mœrkəlsə]
Terra (f)	Jorden	['juːrən]
Lua (f)	Månen	['moːnən]
Marte (m)	Mars	['mɑʂ]
Vénus (f)	Venus	['venʉs]
Júpiter (m)	Jupiter	['jʉpitər]
Saturno (m)	Saturn	['sɑˌtʉːn]
Mercúrio (m)	Merkur	[mær'kʉr]
Urano (m)	Uranus	[ʉ'rɑnʉs]
Neptuno (m)	Neptun	[nɛp'tʉn]
Plutão (m)	Pluto	['plʉtʊ]
Via Láctea (f)	Melkeveien	['mɛlkəˌvæjən]
Ursa Maior (f)	den Store Bjørn	['dən 'stʊrə ˌbjœːŋ]
Estrela Polar (f)	Nordstjernen, Polaris	['nuːrˌstjæːnən], [pɔ'lɑris]
marciano (m)	marsbeboer (m)	['mɑʂˌbebʊər]
extraterrestre (m)	utenomjordisk vesen (n)	['ʉtənɔmˌjuːrdisk 'vesən]

alienígena (m)	romvesen (n)	['rʊmˌvesən]
disco (m) voador	flygende tallerken (m)	['flygenə taˈlærkən]
nave (f) espacial	romskip (n)	['rʊmˌsip]
estação (f) orbital	romstasjon (m)	['rʊmˌstaˈʂʊn]
lançamento (m)	start (m), oppskyting (m/f)	[ˈstɑːt], [ˈɔpˌsytiŋ]
motor (m)	motor (m)	[ˈmɔtʊr]
bocal (m)	dyse (m)	[ˈdysə]
combustível (m)	brensel (n), drivstoff (n)	[ˈbrɛnsəl], [ˈdrifˌstɔf]
cabine (f)	cockpit (m), flydekk (n)	[ˈkɔkpit], [ˈflyˌdɛk]
antena (f)	antenne (m)	[ɑnˈtɛnə]
vigia (f)	koøye (n)	[ˈkʊˌøjə]
bateria (f) solar	solbatteri (n)	[ˈsʊl batɛˈri]
traje (m) espacial	romdrakt (m/f)	[ˈrʊmˌdrɑkt]
imponderabilidade (f)	vektløshet (m/f)	[ˈvɛktløsˌhet]
oxigénio (m)	oksygen (n)	[ˈɔksyˈgen]
acoplagem (f)	dokking (m/f)	[ˈdɔkiŋ]
fazer uma acoplagem	å dokke	[ɔ ˈdɔkə]
observatório (m)	observatorium (n)	[ɔbsɛrvɑˈtʊrium]
telescópio (m)	teleskop (n)	[teleˈskʊp]
observar (vt)	å observere	[ɔ ɔbsɛrˈverə]
explorar (vt)	å utforske	[ɔ ˈʉtˌføʂkə]

123. A Terra

Terra (f)	Jorden	[ˈjuːrən]
globo terrestre (Terra)	jordklode (m)	[ˈjuːrˌklodə]
planeta (m)	planet (m)	[plɑˈnet]
atmosfera (f)	atmosfære (m)	[ɑtmʉˈsfærə]
geografia (f)	geografi (m)	[geʉgrɑˈfi]
natureza (f)	natur (m)	[nɑˈtʉr]
globo (mapa esférico)	globus (m)	[ˈglobʉs]
mapa (m)	kart (n)	[ˈkɑːt]
atlas (m)	atlas (n)	[ˈɑtlɑs]
Europa (f)	Europa	[ɛʉˈrʊpɑ]
Ásia (f)	Asia	[ˈɑsiɑ]
África (f)	Afrika	[ˈɑfrikɑ]
Austrália (f)	Australia	[ɑʉˈstrɑliɑ]
América (f)	Amerika	[ɑˈmerikɑ]
América (f) do Norte	Nord-Amerika	[ˈnuːr ɑˈmerikɑ]
América (f) do Sul	Sør-Amerika	[ˈsør ɑˈmerikɑ]
Antártida (f)	Antarktis	[ɑnˈtɑrktis]
Ártico (m)	Arktis	[ˈɑrktis]

124. Pontos cardeais

norte (m)	nord (n)	['nʉ:r]
para norte	mot nord	[mʊt 'nʉ:r]
no norte	i nord	[i 'nʉ:r]
do norte	nordlig	['nʉ:rli]
sul (m)	syd, sør	['syd], ['sør]
para sul	mot sør	[mʊt 'sør]
no sul	i sør	[i 'sør]
do sul	sydlig, sørlig	['sydli], ['sø:[i]
oeste, ocidente (m)	vest (m)	['vɛst]
para oeste	mot vest	[mʊt 'vɛst]
no oeste	i vest	[i 'vɛst]
ocidental	vestlig, vest-	['vɛstli]
leste, oriente (m)	øst (m)	['øst]
para leste	mot øst	[mʊt 'øst]
no leste	i øst	[i 'øst]
oriental	østlig	['østli]

125. Mar. Oceano

mar (m)	hav (n)	['hɑv]
oceano (m)	verdenshav (n)	[værdəns'hɑv]
golfo (m)	bukt (m/f)	['bʉkt]
estreito (m)	sund (n)	['sʉn]
terra (f) firme	fastland (n)	['fɑstˌlɑn]
continente (m)	fastland, kontinent (n)	['fɑstˌlɑn], [kʊnti'nɛnt]
ilha (f)	øy (m/f)	['øj]
península (f)	halvøy (m/f)	['hɑlˌø:j]
arquipélago (m)	skjærgård (m), arkipelag (n)	['ʂærˌgɔr], [ɑrkipe'lɑg]
baía (f)	bukt (m/f)	['bʉkt]
porto (m)	havn (m/f)	['hɑvn]
lagoa (f)	lagune (m)	[lɑ'gʉnə]
cabo (m)	nes (n), kapp (n)	['nes], ['kɑp]
atol (m)	atoll (m)	[ɑ'tɔl]
recife (n)	rev (n)	['rev]
coral (m)	korall (m)	[kʊ'rɑl]
recife (m) de coral	korallrev (n)	[kʊ'rɑlˌrev]
profundo	dyp	['dyp]
profundidade (f)	dybde (m)	['dybdə]
abismo (m)	avgrunn (m)	['ɑvˌgrʉn]
fossa (f) oceânica	dyphavsgrop (m/f)	['dyphɑfsˌgrɔp]
corrente (f)	strøm (m)	['strøm]
banhar (vt)	å omgi	[ɔ 'ɔmˌji]
litoral (m)	kyst (m)	['çyst]

costa (f)	kyst (m)	['çyst]
maré (f) alta	flo (m/f)	['flʉ]
refluxo (m), maré (f) baixa	ebbe (m), fjære (m/f)	['ɛbə], ['fjærə]
restinga (f)	sandbanke (m)	['sɑn͵bɑnkə]
fundo (m)	bunn (m)	['bʉn]
onda (f)	bølge (m)	['bølgə]
crista (f) da onda	bølgekam (m)	['bølgə͵kɑm]
espuma (f)	skum (n)	['skʉm]
tempestade (f)	storm (m)	['stɔrm]
furacão (m)	orkan (m)	[ɔr'kɑn]
tsunami (m)	tsunami (m)	[tsʉ'nɑmi]
calmaria (f)	stille (m/f)	['stilə]
calmo	stille	['stilə]
polo (m)	pol (m)	['pʊl]
polar	pol-, polar	['pʊl-], [pʊ'lɑr]
latitude (f)	bredde, latitude (m)	['brɛdə], ['lɑti͵tʉdə]
longitude (f)	lengde (m/f)	['leŋdə]
paralela (f)	breddegrad (m)	['brɛdə͵grɑd]
equador (m)	ekvator (m)	[ɛ'kvɑtʊr]
céu (m)	himmel (m)	['himəl]
horizonte (m)	horisont (m)	[hʊri'sɔnt]
ar (m)	luft (f)	['lʉft]
farol (m)	fyr (n)	['fyr]
mergulhar (vi)	å dykke	[ɔ 'dʏkə]
afundar-se (vr)	å synke	[ɔ 'sʏnkə]
tesouros (m pl)	skatter (m pl)	['skɑtər]

126. Nomes de Mares e Oceanos

Oceano (m) Atlântico	Atlanterhavet	[ɑt'lɑntər͵hɑvə]
Oceano (m) Índico	Indiahavet	['indiɑ͵hɑvə]
Oceano (m) Pacífico	Stillehavet	['stilə͵hɑvə]
Oceano (m) Ártico	Polhavet	['pɔl͵hɑvə]
Mar (m) Negro	Svartehavet	['svɑːtə͵hɑvə]
Mar (m) Vermelho	Rødehavet	['rødə͵hɑvə]
Mar (m) Amarelo	Gulehavet	['gʉlə͵hɑvə]
Mar (m) Branco	Kvitsjøen, Hvitehavet	['kvit͵ʂøːn], ['vit͵hɑvə]
Mar (m) Cáspio	Kaspihavet	['kɑspi͵hɑvə]
Mar (m) Morto	Dødehavet	['dødə'hɑvə]
Mar (m) Mediterrâneo	Middelhavet	['midəl͵hɑvə]
Mar (m) Egeu	Egeerhavet	[ɛ'geːər͵hɑvə]
Mar (m) Adriático	Adriahavet	['ɑdriɑ͵hɑvə]
Mar (m) Arábico	Arabiahavet	[ɑ'rɑbiɑ͵hɑvə]
Mar (m) do Japão	Japanhavet	['jɑpɑn͵hɑvə]

Mar (m) de Bering	Beringhavet	[ˈberiŋˌhavə]
Mar (m) da China Meridional	Sør-Kina-havet	[ˈsørˌçinɑ ˈhavə]
Mar (m) de Coral	Korallhavet	[kʊˈralˌhavə]
Mar (m) de Tasman	Tasmanhavet	[tasˈmanˌhavə]
Mar (m) do Caribe	Karibhavet	[kaˈribˌhavə]
Mar (m) de Barents	Barentshavet	[ˈbarɛnsˌhavə]
Mar (m) de Kara	Karahavet	[ˈkaraˌhavə]
Mar (m) do Norte	Nordsjøen	[ˈnuːrˌsøːn]
Mar (m) Báltico	Østersjøen	[ˈøstəˌsøːn]
Mar (m) da Noruega	Norskehavet	[ˈnɔskəˌhavə]

127. Montanhas

montanha (f)	fjell (n)	[ˈfjɛl]
cordilheira (f)	fjellkjede (m)	[ˈfjɛlˌçɛːdə]
serra (f)	fjellrygg (m)	[ˈfjɛlˌrʏg]

cume (m)	topp (m)	[ˈtɔp]
pico (m)	tind (m)	[ˈtin]
sopé (m)	fot (m)	[ˈfʊt]
declive (m)	skråning (m)	[ˈskrɔniŋ]

vulcão (m)	vulkan (m)	[vʉlˈkɑn]
vulcão (m) ativo	virksom vulkan (m)	[ˈvirksɔm vʉlˈkɑn]
vulcão (m) extinto	utslukt vulkan (m)	[ˈʉtˌslʉkt vʉlˈkɑn]

erupção (f)	utbrudd (n)	[ˈʉtˌbrʉd]
cratera (f)	krater (n)	[ˈkratər]
magma (m)	magma (m/n)	[ˈmagma]
lava (f)	lava (f)	[ˈlava]
fundido (lava ~a)	glødende	[ˈgløːdənə]

desfiladeiro (m)	canyon (m)	[ˈkanjən]
garganta (f)	gjel (n), kløft (m)	[ˈjel], [ˈklœft]
fenda (f)	renne (m/f)	[ˈrɛnə]
precipício (m)	avgrunn (m)	[ˈavˌgrʉn]

passo, colo (m)	pass (n)	[ˈpas]
planalto (m)	platå (n)	[plaˈtoː]
falésia (f)	klippe (m)	[ˈklipə]
colina (f)	ås (m)	[ˈɔs]

glaciar (m)	bre, jøkel (m)	[ˈbre], [ˈjøkəl]
queda (f) d'água	foss (m)	[ˈfɔs]
géiser (m)	geysir (m)	[ˈgɛjsir]
lago (m)	innsjø (m)	[ˈinˌʂø]

planície (f)	slette (m/f)	[ˈʂletə]
paisagem (f)	landskap (n)	[ˈlanˌskap]
eco (m)	ekko (n)	[ˈɛkʊ]
alpinista (m)	alpinist (m)	[alpiˈnist]

escalador (m)	fjellklatrer (m)	['fjɛlˌklɑtrər]
conquistar (vt)	å erobre	[ɔ ɛ'rʉbrə]
subida, escalada (f)	bestigning (m/f)	[be'stiɡniŋ]

128. Nomes de montanhas

Alpes (m pl)	Alpene	['ɑlpenə]
monte Branco (m)	Mont Blanc	[ˌmɔn'blɑn]
Pirineus (m pl)	Pyreneene	[pyre'neːənə]

Cárpatos (m pl)	Karpatene	[kɑr'pɑtenə]
montes (m pl) Urais	Uralfjellene	[ʉ'rɑl ˌfjɛlenə]
Cáucaso (m)	Kaukasus	['kɑʉkɑsʉs]
Elbrus (m)	Elbrus	[ɛl'brʉs]

Altai (m)	Altaj	[ɑl'tɑj]
Tian Shan (m)	Tien Shan	[ti'enˌʂɑn]
Pamir (m)	Pamir	[pɑ'mir]
Himalaias (m pl)	Himalaya	[himɑ'lɑjɑ]
monte (m) Everest	Everest	['ɛve'rɛst]

| Cordilheira (f) dos Andes | Andes | ['ɑndəs] |
| Kilimanjaro (m) | Kilimanjaro | [kilimɑn'dʂɑrʉ] |

129. Rios

rio (m)	elv (m/f)	['ɛlv]
fonte, nascente (f)	kilde (m)	['çildə]
leito (m) do rio	elveleie (n)	['ɛlvəˌlæje]
bacia (f)	flodbasseng (n)	['flʉd bɑˌseŋ]
desaguar no ...	å munne ut ...	[ɔ 'mʉnə ʉt ...]

| afluente (m) | bielv (m/f) | ['biˌelv] |
| margem (do rio) | bredd (m) | ['brɛd] |

corrente (f)	strøm (m)	['strøm]
rio abaixo	medstrøms	['meˌstrøms]
rio acima	motstrøms	['mʉtˌstrøms]

inundação (f)	oversvømmelse (m)	['ɔvəˌsvœməlsə]
cheia (f)	flom (m)	['flɔm]
transbordar (vi)	å overflø	[ɔ 'ɔvərˌflø]
inundar (vt)	å oversvømme	[ɔ 'ɔveˌsvœmə]

| banco (m) de areia | grunne (m/f) | ['ɡrʉnə] |
| rápidos (m pl) | stryk (m/n) | ['stryk] |

barragem (f)	demning (m)	['dɛmniŋ]
canal (m)	kanal (m)	[kɑ'nɑl]
reservatório (m) de água	reservoar (n)	[resɛrvʉ'ɑr]
eclusa (f)	sluse (m)	['ʂlʉsə]
corpo (m) de água	vannmasse (m)	['vɑnˌmɑsə]

pântano (m)	myr, sump (m)	['myr], ['sʉmp]
tremedal (m)	hengemyr (m)	['hɛŋeˌmyr]
remoinho (m)	virvel (m)	['virvəl]
arroio, regato (m)	bekk (m)	['bɛk]
potável	drikke-	['drikə-]
doce (água)	fersk-	['fæṣk-]
gelo (m)	is (m)	['is]
congelar-se (vr)	å fryse til	[ɔ 'frysə til]

130. Nomes de rios

rio Sena (m)	Seine	['sɛːn]
rio Loire (m)	Loire	[luˈɑːr]
rio Tamisa (m)	**Themsen**	['tɛmsən]
rio Reno (m)	**Rhinen**	['riːnən]
rio Danúbio (m)	**Donau**	['dɔnaʊ]
rio Volga (m)	**Volga**	['vɔlgɑ]
rio Don (m)	**Don**	['dɔn]
rio Lena (m)	**Lena**	['lenɑ]
rio Amarelo (m)	**Huang He**	[ˌhwɑnˈhɛ]
rio Yangtzé (m)	**Yangtze**	['jaŋtse]
rio Mekong (m)	**Mekong**	[meˈkɔŋ]
rio Ganges (m)	**Ganges**	['gɑŋes]
rio Nilo (m)	**Nilen**	['nilən]
rio Congo (m)	**Kongo**	['kɔngʊ]
rio Cubango (m)	**Okavango**	[ʊkɑˈvɑngʊ]
rio Zambeze (m)	**Zambezi**	[sɑmˈbesi]
rio Limpopo (m)	**Limpopo**	[limpɔˈpɔ]
rio Mississípi (m)	**Mississippi**	['misiˈsipi]

131. Floresta

floresta (f), bosque (m)	skog (m)	['skʊg]
florestal	skog-	['skʊg-]
mata (f) cerrada	tett skog (n)	['tɛt ˌskʊg]
arvoredo (m)	lund (m)	['lʉn]
clareira (f)	glenne (m/f)	['glenə]
matagal (m)	krattskog (m)	['krɑtˌskʊg]
mato (m)	kratt (n)	['krɑt]
vereda (f)	sti (m)	['sti]
ravina (f)	ravine (m)	[rɑˈvinə]
árvore (f)	tre (n)	['trɛ]
folha (f)	blad (n)	['blɑ]

folhagem (f)	løv (n)	['løv]
queda (f) das folhas	løvfall (n)	['løv‚fɑl]
cair (vi)	å falle	[ɔ 'fɑlə]
topo (m)	tretopp (m)	['trɛ‚tɔp]

ramo (m)	kvist, gren (m)	['kvist], ['gren]
galho (m)	gren, grein (m/f)	['gren], ['græjn]
botão, rebento (m)	knopp (m)	['knɔp]
agulha (f)	nål (m/f)	['nɔl]
pinha (f)	kongle (m/f)	['kʉŋlə]

buraco (m) de árvore	trehull (n)	['trɛ‚hʉl]
ninho (m)	reir (n)	['ræjr]
toca (f)	hule (m/f)	['hʉlə]

tronco (m)	stamme (m)	['stɑmə]
raiz (f)	rot (m/f)	['rʊt]
casca (f) de árvore	bark (m)	['bɑrk]
musgo (m)	mose (m)	['mʊsə]

arrancar pela raiz	å rykke opp med roten	[ɔ 'rykə ɔp me 'rutən]
cortar (vt)	å felle	[ɔ 'fɛlə]
desflorestar (vt)	å hogge ned	[ɔ 'hɔgə 'ne]
toco, cepo (m)	stubbe (m)	['stʉbə]

fogueira (f)	bål (n)	['bɔl]
incêndio (m) florestal	skogbrann (m)	['skʊg‚brɑn]
apagar (vt)	å slokke	[ɔ 'ʂløkə]

guarda-florestal (m)	skogvokter (m)	['skʊg‚vɔktər]
proteção (f)	vern (n), beskyttelse (m)	['væːɳ], [be'ʂytəlsə]
proteger (a natureza)	å beskytte	[ɔ be'ʂytə]
caçador (m) furtivo	tyvskytter (m)	['tyf‚sytər]
armadilha (f)	saks (m/f)	['sɑks]

| colher (cogumelos, bagas) | å plukke | [ɔ 'plʉkə] |
| perder-se (vr) | å gå seg vill | [ɔ gɔ sæj 'vil] |

132. Recursos naturais

recursos (m pl) naturais	naturressurser (m pl)	[nɑ'tʉr rɛ'sʉsər]
minerais (m pl)	mineraler (n pl)	[minə'rɑlər]
depósitos (m pl)	forekomster (m pl)	['fɔrə‚kɔmstər]
jazida (f)	felt (m)	['fɛlt]

extrair (vt)	å utvinne	[ɔ 'ʉt‚vinə]
extração (f)	utvinning (m/f)	['ʉt‚viniŋ]
minério (m)	malm (m)	['mɑlm]
mina (f)	gruve (m/f)	['grʉvə]
poço (m) de mina	gruvesjakt (m/f)	['grʉvə‚ʂɑkt]
mineiro (m)	gruvearbeider (m)	['grʉvə'ɑr‚bæjdər]

| gás (m) | gass (m) | ['gɑs] |
| gasoduto (m) | gassledning (m) | ['gɑs‚ledniŋ] |

petróleo (m)	olje (m)	['ɔljə]
oleoduto (m)	oljeledning (m)	['ɔljəˌledniŋ]
poço (m) de petróleo	oljebrønn (m)	['ɔljəˌbrœn]
torre (f) petrolífera	boretårn (n)	['boːrəˌtɔːn]
petroleiro (m)	tankskip (n)	['tankˌsip]

areia (f)	sand (m)	['san]
calcário (m)	kalkstein (m)	['kalkˌstæjn]
cascalho (m)	grus (m)	['grʉs]
turfa (f)	torv (m/f)	['tɔrv]
argila (f)	leir (n)	['læjr]
carvão (m)	kull (n)	['kʉl]

ferro (m)	jern (n)	['jæːn]
ouro (m)	gull (n)	['gʉl]
prata (f)	sølv (n)	['søl]
níquel (m)	nikkel (m)	['nikəl]
cobre (m)	kobber (n)	['kɔbər]

zinco (m)	sink (m/n)	['sink]
manganês (m)	mangan (m/n)	[maˈŋan]
mercúrio (m)	kvikksølv (n)	['kvikˌsøl]
chumbo (m)	bly (n)	['bly]

mineral (m)	mineral (n)	[minəˈral]
cristal (m)	krystall (m/n)	[kryˈstal]
mármore (m)	marmor (m/n)	['marmʉr]
urânio (m)	uran (m/n)	[ʉˈran]

A Terra. Parte 2

133. Tempo

tempo (m)	vær (n)	['vær]
previsão (f) do tempo	værvarsel (n)	['væɾˌvaʂəl]
temperatura (f)	temperatur (m)	[tɛmpəra'tʉr]
termómetro (m)	termometer (n)	[tɛrmʉ'metər]
barómetro (m)	barometer (n)	[barʉ'metər]
húmido	fuktig	['fʉkti]
humidade (f)	fuktighet (m)	['fʉktiˌhet]
calor (m)	hete (m)	['heːtə]
cálido	het	['het]
está muito calor	det er hett	[de ær 'het]
está calor	det er varmt	[de ær 'varmt]
quente	varm	['varm]
está frio	det er kaldt	[de ær 'kalt]
frio	kald	['kal]
sol (m)	sol (m/f)	['sʉl]
brilhar (vi)	å skinne	[ɔ 'ʂinə]
de sol, ensolarado	solrik	['sʉlˌrik]
nascer (vi)	å gå opp	[ɔ 'gɔ ɔp]
pôr-se (vr)	å gå ned	[ɔ 'gɔ ne]
nuvem (f)	sky (m)	['ʂy]
nublado	skyet	['ʂyːət]
nuvem (f) preta	regnsky (m/f)	['ræjnˌʂy]
escuro, cinzento	mørk	['mœrk]
chuva (f)	regn (n)	['ræjn]
está a chover	det regner	[de 'ræjnər]
chuvoso	regnværs-	['ræjnˌvæʂ-]
chuviscar (vi)	å småregne	[ɔ 'smoːræjnə]
chuva (f) torrencial	piskende regn (n)	['piskenə ˌræjn]
chuvada (f)	styrtregn (n)	['styːtˌræjn]
forte (chuva)	kraftig, sterk	['krafti], ['stærk]
poça (f)	vannpytt (m)	['vanˌpyt]
molhar-se (vr)	å bli våt	[ɔ 'bli 'vɔt]
nevoeiro (m)	tåke (m/f)	['toːkə]
de nevoeiro	tåke	['toːkə]
neve (f)	snø (m)	['snø]
está a nevar	det snør	[de 'snør]

134. Tempo extremo. Catástrofes naturais

trovoada (f)	tordenvær (n)	['tʊrdən‚vær]
relâmpago (m)	lyn (n)	['lyn]
relampejar (vi)	å glimte	[ɔ 'glimtə]
trovão (m)	torden (m)	['tʊrdən]
trovejar (vi)	å tordne	[ɔ 'tʊrdnə]
está a trovejar	det tordner	[de 'tʊrdnər]
granizo (m)	hagle (m/f)	['haglə]
está a cair granizo	det hagler	[de 'haglər]
inundar (vt)	å oversvømme	[ɔ 'ɔvə‚svœmə]
inundação (f)	oversvømmelse (m)	['ɔvə‚svœmǝlsə]
terremoto (m)	jordskjelv (n)	['ju:r‚ʂɛlv]
abalo, tremor (m)	skjelv (n)	['ʂɛlv]
epicentro (m)	episenter (n)	[ɛpi'sɛntər]
erupção (f)	utbrudd (n)	['ʉt‚brʉd]
lava (f)	lava (m)	['lava]
turbilhão (m)	skypumpe (m/f)	['ʂy‚pʉmpə]
tornado (m)	tornado (m)	[tʊː'nadʉ]
tufão (m)	tyfon (m)	[ty'fʉn]
furacão (m)	orkan (m)	[ɔr'kan]
tempestade (f)	storm (m)	['stɔrm]
tsunami (m)	tsunami (m)	[tsʉ'nami]
ciclone (m)	syklon (m)	[sy'klun]
mau tempo (m)	uvær (n)	['ʉː‚vær]
incêndio (m)	brann (m)	['bran]
catástrofe (f)	katastrofe (m)	[kata'strɔfə]
meteorito (m)	meteoritt (m)	[meteʉ'rit]
avalanche (f)	lavine (m)	[la'vinə]
deslizamento (m) de neve	snøskred, snøras (n)	['snø‚skred], ['snøras]
nevasca (f)	snøstorm (m)	['snø‚stɔrm]
tempestade (f) de neve	snøstorm (m)	['snø‚stɔrm]

Fauna

135. Mamíferos. Predadores

predador (m)	rovdyr (n)	['rɔv.dyr]
tigre (m)	tiger (m)	['tigər]
leão (m)	løve (m/f)	['løve]
lobo (m)	ulv (m)	['ʉlv]
raposa (f)	rev (m)	['rev]
jaguar (m)	jaguar (m)	[jagʉ'ɑr]
leopardo (m)	leopard (m)	[leʊ'pɑrd]
chita (f)	gepard (m)	[ge'pɑrd]
pantera (f)	panter (m)	['pɑntər]
puma (m)	puma (m)	['pʉmɑ]
leopardo-das-neves (m)	snøleopard (m)	['snø leʊ'pɑrd]
lince (m)	gaupe (m/f)	['gaʊpə]
coiote (m)	coyote, prærieulv (m)	[kɔ'jotə], ['præri.ʉlv]
chacal (m)	sjakal (m)	[ʂɑ'kɑl]
hiena (f)	hyene (m)	[hy'enə]

136. Animais selvagens

animal (m)	dyr (n)	['dyr]
besta (f)	best, udyr (n)	['bɛst], ['ʉ.dyr]
esquilo (m)	ekorn (n)	['ɛkʊ:ŋ]
ouriço (m)	pinnsvin (n)	['pin.svin]
lebre (f)	hare (m)	['hɑrə]
coelho (m)	kanin (m)	[kɑ'nin]
texugo (m)	grevling (m)	['grɛvliŋ]
guaxinim (m)	vaskebjørn (m)	['vɑskə.bjœ:ŋ]
hamster (m)	hamster (m)	['hɑmstər]
marmota (f)	murmeldyr (n)	['mʉrməl.dyr]
toupeira (f)	muldvarp (m)	['mʉl.vɑrp]
rato (m)	mus (m/f)	['mʉs]
ratazana (f)	rotte (m/f)	['rɔtə]
morcego (m)	flaggermus (m/f)	['flagər.mʉs]
arminho (m)	røyskatt (m)	['røjskɑt]
zibelina (f)	sobel (m)	['sʉbəl]
marta (f)	mår (m)	['mɔr]
doninha (f)	snømus (m/f)	['snø.mʉs]
vison (m)	mink (m)	['mink]

castor (m)	bever (m)	['bevər]
lontra (f)	oter (m)	['ʊtər]

cavalo (m)	hest (m)	['hɛst]
alce (m)	elg (m)	['ɛlg]
veado (m)	hjort (m)	['jɔːt]
camelo (m)	kamel (m)	[kɑ'mel]

bisão (m)	bison (m)	['bisɔn]
auroque (m)	urokse (m)	['ʉrˌʊksə]
búfalo (m)	bøffel (m)	['bøfəl]

zebra (f)	sebra (m)	['sebrɑ]
antílope (m)	antilope (m)	[ɑnti'lʊpə]
corça (f)	rådyr (n)	['rɔˌdyr]
gamo (m)	dåhjort, dådyr (n)	['dɔˌjɔːt], ['dɔˌdyr]
camurça (f)	gemse (m)	['gɛmsə]
javali (m)	villsvin (n)	['vilˌsvin]

baleia (f)	hval (m)	['vɑl]
foca (f)	sel (m)	['sel]
morsa (f)	hvalross (m)	['vɑlˌrɔs]
urso-marinho (m)	pelssel (m)	['pɛlsˌsel]
golfinho (m)	delfin (m)	[dɛl'fin]

urso (m)	bjørn (m)	['bjœːŋ]
urso (m) branco	isbjørn (m)	['isˌbjœːŋ]
panda (m)	panda (m)	['pɑndɑ]

macaco (em geral)	ape (m/f)	['ape]
chimpanzé (m)	sjimpanse (m)	[ʂim'pɑnsə]
orangotango (m)	orangutang (m)	[ʊ'rɑŋgʉˌtɑŋ]
gorila (m)	gorilla (m)	[gɔ'rilɑ]
macaco (m)	makak (m)	[mɑ'kɑk]
gibão (m)	gibbon (m)	['gibʊn]

elefante (m)	elefant (m)	[ɛle'fɑnt]
rinoceronte (m)	neshorn (n)	['nesˌhʊːŋ]
girafa (f)	sjiraff (m)	[ʂi'rɑf]
hipopótamo (m)	flodhest (m)	['flʊdˌhɛst]

canguru (m)	kenguru (m)	['kɛŋgʉrʉ]
coala (m)	koala (m)	[kʊ'ɑlɑ]

mangusto (m)	mangust, mungo (m)	[mɑŋ'gʊst], ['mʉŋgu]
chinchila (m)	chinchilla (m)	[ʂin'ʂilɑ]
doninha-fedorenta (f)	skunk (m)	['skunk]
porco-espinho (m)	hulepinnsvin (n)	['hʉləˌpinsvin]

137. Animais domésticos

gata (f)	katt (m)	['kɑt]
gato (m) macho	hannkatt (m)	['hɑnˌkɑt]
cão (m)	hund (m)	['hʉŋ]

cavalo (m)	hest (m)	['hɛst]
garanhão (m)	hingst (m)	['hiŋst]
égua (f)	hoppe, merr (m/f)	['hɔpə], ['mɛr]
vaca (f)	ku (f)	['kʉ]
touro (m)	tyr (m)	['tyr]
boi (m)	okse (m)	['ɔksə]
ovelha (f)	sau (m)	['saʊ]
carneiro (m)	vær, saubukk (m)	['vær], ['saʊˌbʉk]
cabra (f)	geit (m/f)	['jæjt]
bode (m)	geitebukk (m)	['jæjtəˌbʉk]
burro (m)	esel (n)	['ɛsəl]
mula (f)	muldyr (n)	['mʉlˌdyr]
porco (m)	svin (n)	['svin]
leitão (m)	gris (m)	['gris]
coelho (m)	kanin (m)	[kɑ'nin]
galinha (f)	høne (m/f)	['hønə]
galo (m)	hane (m)	['hɑnə]
pata (f)	and (m/f)	['ɑn]
pato (macho)	andrik (m)	['ɑndrik]
ganso (m)	gås (m/f)	['gɔs]
peru (m)	kalkunhane (m)	[kɑl'kʉnˌhɑnə]
perua (f)	kalkunhøne (m/f)	[kɑl'kʉnˌhønə]
animais (m pl) domésticos	husdyr (n pl)	['hʉsˌdyr]
domesticado	tam	['tɑm]
domesticar (vt)	å temme	[ɔ 'tɛmə]
criar (vt)	å avle, å oppdrette	[ɔ 'ɑvlə], [ɔ 'ɔpˌdrɛtə]
quinta (f)	farm, gård (m)	['fɑrm], ['gɔːr]
aves (f pl) domésticas	fjærfe (n)	['fjærˌfɛ]
gado (n)	kveg (n)	['kvɛg]
rebanho (m), manada (f)	flokk, bøling (m)	['flɔk], ['bøliŋ]
estábulo (m)	stall (m)	['stɑl]
pocilga (f)	grisehus (n)	['grisəˌhʉs]
estábulo (m)	kufjøs (m/n)	['kuˌfjøs]
coelheira (f)	kaninbur (n)	[kɑ'ninˌbʉr]
galinheiro (m)	hønsehus (n)	['hønsəˌhʉs]

138. Pássaros

pássaro (m), ave (f)	fugl (m)	['fʉl]
pombo (m)	due (m/f)	['dʉə]
pardal (m)	spurv (m)	['spʉrv]
chapim-real (m)	kjøttmeis (m/f)	['çœtˌmæjs]
pega-rabuda (f)	skjære (m/f)	['særə]
corvo (m)	ravn (m)	['rɑvn]

gralha (f) cinzenta	kråke (m)	['kro:kə]
gralha-de-nuca-cinzenta (f)	kaie (m/f)	['kajə]
gralha-calva (f)	kornkråke (m/f)	['kʊˌŋkro:kə]
pato (m)	and (m/f)	['ɑn]
ganso (m)	gås (m/f)	['gɔs]
faisão (m)	fasan (m)	[fɑ'sɑn]
águia (f)	ørn (m/f)	['œ:ŋ]
açor (m)	hauk (m)	['haʊk]
falcão (m)	falk (m)	['falk]
abutre (m)	gribb (m)	['grib]
condor (m)	kondor (m)	[kʊn'dʊr]
cisne (m)	svane (m/f)	['svɑnə]
grou (m)	trane (m/f)	['trɑnə]
cegonha (f)	stork (m)	['stɔrk]
papagaio (m)	papegøye (m)	[pape'gøjə]
beija-flor (m)	kolibri (m)	[kʊ'libri]
pavão (m)	påfugl (m)	['pɔˌfʉl]
avestruz (m)	struts (m)	['strʉts]
garça (f)	hegre (m)	['hæjrə]
flamingo (m)	flamingo (m)	[flɑ'mingʊ]
pelicano (m)	pelikan (m)	[peli'kɑn]
rouxinol (m)	nattergal (m)	['nɑtərˌgɑl]
andorinha (f)	svale (m/f)	['svɑlə]
tordo-zornal (m)	trost (m)	['trʊst]
tordo-músico (m)	måltrost (m)	['mo:lˌtrʊst]
melro-preto (m)	svarttrost (m)	['svɑ:ˌtrʊst]
andorinhão (m)	tårnseiler (m), tårnsvale (m/f)	['tɔ:ŋˌsæjlə], ['tɔ:ŋˌsvɑlə]
cotovia (f)	lerke (m/f)	['lærkə]
codorna (f)	vaktel (m)	['vɑktəl]
pica-pau (m)	hakkespett (m)	['hɑkəˌspɛt]
cuco (m)	gjøk, gauk (m)	['jøk], ['gaʊk]
coruja (f)	ugle (m/f)	['ʉglə]
corujão, bufo (m)	hubro (m)	['hʉbrʊ]
tetraz-grande (m)	storfugl (m)	['stʊrˌfʉl]
tetraz-lira (m)	orrfugl (m)	['ɔrˌfʉl]
perdiz-cinzenta (f)	rapphøne (m/f)	['rɑpˌhønə]
estorninho (m)	stær (m)	['stær]
canário (m)	kanarifugl (m)	[kɑ'nɑriˌfʉl]
galinha-do-mato (f)	jerpe (m/f)	['jærpə]
tentilhão (m)	bokfink (m)	['bʊkˌfink]
dom-fafe (m)	dompap (m)	['dʊmpɑp]
gaivota (f)	måke (m/f)	['mo:kə]
albatroz (m)	albatross (m)	['ɑlbɑˌtrɔs]
pinguim (m)	pingvin (m)	[piŋ'vin]

139. Peixes. Animais marinhos

brema (f)	brasme (m/f)	['brɑsmə]
carpa (f)	karpe (m)	['karpə]
perca (f)	åbor (m)	['ɔbɔr]
siluro (m)	malle (m)	['mɑlə]
lúcio (m)	gjedde (m/f)	['jɛdə]

salmão (m)	laks (m)	['lɑks]
esturjão (m)	stør (m)	['stør]

arenque (m)	sild (m/f)	['sil]
salmão (m)	atlanterhavslaks (m)	[ɑt'lɑntərhɑfs͵lɑks]
cavala, sarda (f)	makrell (m)	[mɑ'krɛl]
solha (f)	rødspette (m/f)	['rø͵spɛtə]

lúcio perca (m)	gjørs (m)	['jøːʂ]
bacalhau (m)	torsk (m)	['tɔʂk]
atum (m)	tunfisk (m)	['tʉn͵fisk]
truta (f)	ørret (m)	['øret]

enguia (f)	ål (m)	['ɔl]
raia elétrica (f)	elektrisk rokke (m/f)	[ɛ'lektrisk ͵rɔkə]
moreia (f)	murene (m)	[mʉ'rɛnə]
piranha (f)	piraja (m)	[pi'rɑjɑ]

tubarão (m)	hai (m)	['hɑj]
golfinho (m)	delfin (m)	[dɛl'fin]
baleia (f)	hval (m)	['vɑl]

caranguejo (m)	krabbe (m)	['krɑbə]
medusa, alforreca (f)	manet (m/f), meduse (m)	['mɑnet], [me'dʉsə]
polvo (m)	blekksprut (m)	['blek͵sprʉt]

estrela-do-mar (f)	sjøstjerne (m/f)	['ʂø͵stjæːɳə]
ouriço-do-mar (m)	sjøpinnsvin (n)	['ʂøː'pin͵svin]
cavalo-marinho (m)	sjøhest (m)	['ʂø͵hɛst]

ostra (f)	østers (m)	['østəʂ]
camarão (m)	reke (m/f)	['rekə]
lavagante (m)	hummer (m)	['hʉmər]
lagosta (f)	langust (m)	[lɑŋ'gʉst]

140. Anfíbios. Répteis

serpente, cobra (f)	slange (m)	['ʂlɑŋə]
venenoso	giftig	['jifti]

víbora (f)	hoggorm, huggorm (m)	['hʉg͵ɔrm], ['hʉg͵ɔrm]
cobra-capelo, naja (f)	kobra (m)	['kubrɑ]
pitão (m)	pyton (m)	['pytɔn]
jiboia (f)	boaslange (m)	['bɔɑ͵slɑŋə]
cobra-de-água (f)	snok (m)	['snʊk]

| cascavel (f) | klapperslange (m) | ['klapə̩slaŋə] |
| anaconda (f) | anakonda (m) | [ana'kɔnda] |

lagarto (m)	øgle (m/f)	['øglə]
iguana (f)	iguan (m)	[igʉ'an]
varano (m)	varan (n)	[va'ran]
salamandra (f)	salamander (m)	[sala'mandər]
camaleão (m)	kameleon (m)	[kamələ'ʉn]
escorpião (m)	skorpion (m)	[skɔrpi'ʉn]

tartaruga (f)	skilpadde (m/f)	['ʂil̩padə]
rã (f)	frosk (m)	['frɔsk]
sapo (m)	padde (m/f)	['padə]
crocodilo (m)	krokodille (m)	[krʉkə'dilə]

141. Insetos

inseto (m)	insekt (n)	['insɛkt]
borboleta (f)	sommerfugl (m)	['sɔmər̩fʉl]
formiga (f)	maur (m)	['maʉr]
mosca (f)	flue (m/f)	['flʉə]
mosquito (m)	mygg (m)	['mʏg]
escaravelho (m)	bille (m)	['bilə]

vespa (f)	veps (m)	['vɛps]
abelha (f)	bie (m/f)	['biə]
mamangava (f)	humle (m/f)	['hʉmlə]
moscardo (m)	brems (m)	['brɛms]

| aranha (f) | edderkopp (m) | ['ɛdər̩kɔp] |
| teia (f) de aranha | edderkoppnett (n) | ['ɛdərkɔp̩nɛt] |

libélula (f)	øyenstikker (m)	['øjən̩stikər]
gafanhoto-do-campo (m)	gresshoppe (m/f)	['grɛs̩hɔpə]
traça (f)	nattsvermer (m)	['nat̩sværmər]

barata (f)	kakerlakk (m)	[kakə'lak]
carraça (f)	flått, midd (m)	['flɔt], ['mid]
pulga (f)	loppe (f)	['lɔpə]
borrachudo (m)	knott (m)	['knɔt]

gafanhoto (m)	vandgresshoppe (m/f)	['van 'grɛs̩hɔpə]
caracol (m)	snegl (m)	['snæjl]
grilo (m)	siriss (m)	['si̩ris]
pirilampo (m)	ildflue (m/f), lysbille (m)	['il̩flʉə], ['lys̩bilə]
joaninha (f)	marihøne (m/f)	['mari̩hønə]
besouro (m)	oldenborre (f)	['ɔldən̩bɔrə]

sanguessuga (f)	igle (m/f)	['iglə]
lagarta (f)	sommerfugllarve (m/f)	['sɔmərfʉl̩larvə]
minhoca (f)	meitemark (m)	['mæjtə̩mark]
larva (f)	larve (m/f)	['larvə]

Flora

142. Árvores

árvore (f)	tre (n)	['trɛ]
decídua	løv-	['løv-]
conífera	bar-	['bɑr-]
perene	eviggrønt	['ɛvi‚grœnt]
macieira (f)	epletre (n)	['ɛplə‚trɛ]
pereira (f)	pæretre (n)	['pærə‚trɛ]
cerejeira (f)	morelltre (n)	[mʉ'rɛl‚trɛ]
ginjeira (f)	kirsebærtre (n)	['çiʂəbær‚trɛ]
ameixeira (f)	plommetre (n)	['plʊmə‚trɛ]
bétula (f)	bjørk (f)	['bjœrk]
carvalho (m)	eik (f)	['æjk]
tília (f)	lind (m/f)	['lin]
choupo-tremedor (m)	osp (m/f)	['ɔsp]
bordo (m)	lønn (m/f)	['lœn]
espruce-europeu (m)	gran (m/f)	['grɑn]
pinheiro (m)	furu (m/f)	['fʉrʉ]
alerce, lariço (m)	lerk (m)	['lærk]
abeto (m)	edelgran (m/f)	['ɛdəl‚grɑn]
cedro (m)	seder (m)	['sedər]
choupo, álamo (m)	poppel (m)	['pɔpəl]
tramazeira (f)	rogn (m/f)	['rɔŋn]
salgueiro (m)	pil (m/f)	['pil]
amieiro (m)	or, older (m/f)	['ʊr], ['ɔldər]
faia (f)	bøk (m)	['bøk]
ulmeiro (m)	alm (m)	['ɑlm]
freixo (m)	ask (m/f)	['ɑsk]
castanheiro (m)	kastanjetre (n)	[kɑ'stɑnjə‚trɛ]
magnólia (f)	magnolia (m)	[mɑŋ'nʉliɑ]
palmeira (f)	palme (m)	['pɑlmə]
cipreste (m)	sypress (m)	[sʏ'prɛs]
mangue (m)	mangrove (m)	[mɑŋ'grʊvə]
embondeiro, baobá (m)	apebrødtre (n)	['ɑpebrø‚trɛ]
eucalipto (m)	eukalyptus (m)	[ɛvkɑ'lyptʉs]
sequoia (f)	sequoia (m)	['sek‚vɔjɑ]

143. Arbustos

arbusto (m)	busk (m)	['bʉsk]
arbusto (m), moita (f)	busk (m)	['bʉsk]

videira (f)	vinranke (m)	['vɪnˌrɑnkə]
vinhedo (m)	vinmark (m/f)	['vɪnˌmɑrk]

framboeseira (f)	bringebærbusk (m)	['brɪŋəˌbær bʉsk]
groselheira-preta (f)	solbærbusk (m)	['sʉlbærˌbʉsk]
groselheira-vermelha (f)	ripsbusk (m)	['rɪpsˌbʉsk]
groselheira (f) espinhosa	stikkelsbærbusk (m)	['stɪkəlsbærˌbʉsk]

acácia (f)	akasie (m)	[ɑ'kɑsiə]
bérberis (f)	berberis (m)	['bærberis]
jasmim (m)	sjasmin (m)	[ʂɑs'min]

junípero (m)	einer (m)	['æjnər]
roseira (f)	rosenbusk (m)	['rʉsənˌbʉsk]
roseira (f) brava	steinnype (m/f)	['stæjnˌnypə]

144. Frutos. Bagas

fruta (f)	frukt (m/f)	['frʉkt]
frutas (f pl)	frukter (m/f pl)	['frʉktər]
maçã (f)	eple (n)	['ɛplə]
pera (f)	pære (m/f)	['pærə]
ameixa (f)	plomme (m/f)	['plʉmə]

morango (m)	jordbær (n)	['juːrˌbær]
ginja (f)	kirsebær (n)	['çɪʂəˌbær]
cereja (f)	morell (m)	[mʉ'rɛl]
uva (f)	drue (m)	['drʉə]

framboesa (f)	bringebær (n)	['brɪŋəˌbær]
groselha (f) preta	solbær (n)	['sʉlˌbær]
groselha (f) vermelha	rips (m)	['rɪps]
groselha (f) espinhosa	stikkelsbær (n)	['stɪkəlsˌbær]
oxicoco (m)	tranebær (n)	['trɑnəˌbær]

laranja (f)	appelsin (m)	[ɑpel'sin]
tangerina (f)	mandarin (m)	[mɑndɑ'rin]
ananás (m)	ananas (m)	['ɑnɑnɑs]

banana (f)	banan (m)	[bɑ'nɑn]
tâmara (f)	daddel (m)	['dɑdəl]

limão (m)	sitron (m)	[si'trʉn]
damasco (m)	aprikos (m)	[ɑpri'kʉs]
pêssego (m)	fersken (m)	['fæʂkən]

kiwi (m)	kiwi (m)	['kivi]
toranja (f)	grapefrukt (m/f)	['grɛjpˌfrʉkt]

baga (f)	bær (n)	['bær]
bagas (f pl)	bær (n pl)	['bær]
arando (m) vermelho	tyttebær (n)	['tʏtəˌbær]
morango-silvestre (m)	markjordbær (n)	['mɑrk juːrˌbær]
mirtilo (m)	blåbær (n)	['bloˌbær]

145. Flores. Plantas

flor (f)	blomst (m)	['blɔmst]
ramo (m) de flores	bukett (m)	[bʉ'kɛt]

rosa (f)	rose (m/f)	['rʊsə]
tulipa (f)	tulipan (m)	[tʉli'pɑn]
cravo (m)	nellik (m)	['nɛlik]
gladíolo (m)	gladiolus (m)	[glɑdi'ɔlʉs]

centáurea (f)	kornblomst (m)	['kuːɳˌblɔmst]
campânula (f)	blåklokke (m/f)	['blɔˌklɔkə]
dente-de-leão (m)	løvetann (m/f)	['løvəˌtɑn]
camomila (f)	kamille (m)	[kɑ'milə]

aloé (m)	aloe (m)	['ɑlʊe]
cato (m)	kaktus (m)	['kɑktʉs]
fícus (m)	gummiplante (m/f)	['gʉmiˌplɑntə]

lírio (m)	lilje (m)	['liljə]
gerânio (m)	geranium (m)	[ge'rɑnium]
jacinto (m)	hyasint (m)	[hiɑ'sint]

mimosa (f)	mimose (m/f)	[mi'mɔsə]
narciso (m)	narsiss (m)	[nɑ'sis]
capuchinha (f)	blomkarse (m)	['blɔmˌkɑʂə]

orquídea (f)	orkidé (m)	[ɔrki'de]
peónia (f)	peon, pion (m)	[pe'ʊn], [pi'ʊn]
violeta (f)	fiol (m)	[fi'ʊl]

amor-perfeito (m)	stemorsblomst (m)	['stemʉsˌblɔmst]
não-me-esqueças (m)	forglemmegei (m)	[fɔr'gleməˌjæj]
margarida (f)	tusenfryd (m)	['tʉsənˌfryd]

papoula (f)	valmue (m)	['vɑlmʉə]
cânhamo (m)	hamp (m)	['hɑmp]
hortelã (f)	mynte (m/f)	['mʏntə]

lírio-do-vale (m)	liljekonvall (m)	['liljə kɔn'vɑl]
campânula-branca (f)	snøklokke (m/f)	['snøˌklɔkə]

urtiga (f)	nesle (m/f)	['nɛslə]
azeda (f)	syre (m/f)	['syrə]
nenúfar (m)	nøkkerose (m/f)	['nøkəˌrʊse]
feto (m), samambaia (f)	bregne (m/f)	['brɛjnə]
líquen (m)	lav (m/n)	['lɑv]

estufa (f)	drivhus (n)	['drivˌhʉs]
relvado (m)	gressplen (m)	['grɛsˌplen]
canteiro (m) de flores	blomsterbed (n)	['blɔmstərˌbed]

planta (f)	plante (m/f), vekst (m)	['plɑntə], ['vɛkst]
erva (f)	gras (n)	['grɑs]
folha (f) de erva	grasstrå (n)	['grɑsˌstrɔ]

folha (f)	blad (n)	['blɑ]
pétala (f)	kronblad (n)	['krɔnˌblɑ]
talo (m)	stilk (m)	['stilk]
tubérculo (m)	rotknoll (m)	['rʊtˌknɔl]
broto, rebento (m)	spire (m/f)	['spirə]
espinho (m)	torn (m)	['tʊːɳ]
florescer (vi)	å blomstre	[ɔ 'blɔmstrə]
murchar (vi)	å visne	[ɔ 'visnə]
cheiro (m)	lukt (m/f)	['lʉkt]
cortar (flores)	å skjære av	[ɔ 'ʂæːrə ɑː]
colher (uma flor)	å plukke	[ɔ 'plʉkə]

146. Cereais, grãos

grão (m)	korn (n)	['kʊːɳ]
cereais (plantas)	cerealer (n pl)	[sere'ɑlər]
espiga (f)	aks (n)	['ɑks]
trigo (m)	hvete (m)	['vetə]
centeio (m)	rug (m)	['rʉg]
aveia (f)	havre (m)	['hɑvrə]
milho-miúdo (m)	hirse (m)	['hiʂə]
cevada (f)	bygg (m/n)	['bʏg]
milho (m)	mais (m)	['mɑis]
arroz (m)	ris (m)	['ris]
trigo-sarraceno (m)	bokhvete (m)	['bʊkˌvetə]
ervilha (f)	ert (m/f)	['æːt]
feijão (m)	bønne (m/f)	['bœnə]
soja (f)	soya (m)	['sɔja]
lentilha (f)	linse (m/f)	['linsə]
fava (f)	bønner (m/f pl)	['bœnər]

PAÍSES. NACIONALIDADES

147. Europa Ocidental

Europa (f)	Europa	[ɛʉ'rʊpa]
União (f) Europeia	Den Europeiske Union	[den ɛʉrʊ'pɛiskə ʉni'ɔn]
Áustria (f)	Østerrike	['østə‚rikə]
Grã-Bretanha (f)	Storbritannia	['stʊr bri‚tania]
Inglaterra (f)	England	['ɛŋlan]
Bélgica (f)	Belgia	['bɛlgia]
Alemanha (f)	Tyskland	['tʏsklan]
Países (m pl) Baixos	Nederland	['nedə‚lan]
Holanda (f)	Holland	['hɔlan]
Grécia (f)	Hellas	['hɛlas]
Dinamarca (f)	Danmark	['danmark]
Irlanda (f)	Irland	['irlan]
Islândia (f)	Island	['islan]
Espanha (f)	Spania	['spania]
Itália (f)	Italia	[i'talia]
Chipre (m)	Kypros	['kʏprʊs]
Malta (f)	Malta	['malta]
Noruega (f)	Norge	['nɔrgə]
Portugal (m)	Portugal	[pɔ:tʉ'gal]
Finlândia (f)	Finland	['finlan]
França (f)	Frankrike	['frankrikə]
Suécia (f)	Sverige	['sværiə]
Suíça (f)	Sveits	['svæjts]
Escócia (f)	Skottland	['skɔtlan]
Vaticano (m)	Vatikanet	['vati‚kane]
Liechtenstein (m)	Liechtenstein	['lihtɛnʂtæjn]
Luxemburgo (m)	Luxembourg	['lʉksɛm‚bʉrg]
Mónaco (m)	Monaco	[mʊ'nakʊ]

148. Europa Central e de Leste

Albânia (f)	Albania	[al'bania]
Bulgária (f)	Bulgaria	[bʉl'garia]
Hungria (f)	Ungarn	['ʉŋɑ:n]
Letónia (f)	Latvia	['latvia]
Lituânia (f)	Litauen	['li‚taʉən]
Polónia (f)	Polen	['pʊlen]

Roménia (f)	Romania	[rʊˈmɑniɑ]
Sérvia (f)	Serbia	[ˈsærbiɑ]
Eslováquia (f)	Slovakia	[ʂlʊˈvɑkiɑ]

Croácia (f)	Kroatia	[krʊˈɑtiɑ]
República (f) Checa	Tsjekkia	[ˈtʂɛkijɑ]
Estónia (f)	Estland	[ˈɛstlɑn]

Bósnia e Herzegovina (f)	Bosnia-Hercegovina	[ˈbɔsniɑ hersegɔˌvinɑ]
Macedónia (f)	Makedonia	[mɑkeˈdɔniɑ]
Eslovénia (f)	Slovenia	[ʂlʊˈveniɑ]
Montenegro (m)	Montenegro	[ˈmɔntəˌnɛgrʊ]

149. Países da ex-URSS

| Azerbaijão (m) | Aserbajdsjan | [ɑserbɑjdˈʂɑn] |
| Arménia (f) | Armenia | [ɑrˈmeniɑ] |

Bielorrússia (f)	Hviterussland	[ˈvitəˌrʉslɑn]
Geórgia (f)	Georgia	[geˈɔrgiɑ]
Cazaquistão (m)	Kasakhstan	[kɑˈsɑkˌstɑn]
Quirguistão (m)	Kirgisistan	[kirˈgisiˌstɑn]
Moldávia (f)	Moldova	[mɔlˈdɔvɑ]

| Rússia (f) | Russland | [ˈrʉslɑn] |
| Ucrânia (f) | Ukraina | [ʉkrɑˈinɑ] |

Tajiquistão (m)	Tadsjikistan	[tɑˈdʂikiˌstɑn]
Turquemenistão (m)	Turkmenistan	[tʉrkˈmeniˌstɑn]
Uzbequistão (f)	Usbekistan	[ʉsˈbekiˌstɑn]

150. Asia

Ásia (f)	Asia	[ˈɑsiɑ]
Vietname (m)	Vietnam	[ˈvjɛtnɑm]
Índia (f)	India	[ˈindiɑ]
Israel (m)	Israel	[ˈisrɑel]

China (f)	Kina	[ˈçinɑ]
Líbano (m)	Libanon	[ˈlibɑnɔn]
Mongólia (f)	Mongolia	[mʊŋˈguliɑ]

| Malásia (f) | Malaysia | [mɑˈlɑjsiɑ] |
| Paquistão (m) | Pakistan | [ˈpɑkiˌstɑn] |

Arábia (f) Saudita	Saudi-Arabia	[ˈsaʊdi ɑˈrɑbiɑ]
Tailândia (f)	Thailand	[ˈtɑjlɑn]
Taiwan (m)	Taiwan	[ˈtɑjˌvɑn]
Turquia (f)	Tyrkia	[tyrkiɑ]
Japão (m)	Japan	[ˈjɑpɑn]
Afeganistão (m)	Afghanistan	[ɑfˈgɑniˌstɑn]
Bangladesh (m)	Bangladesh	[bɑŋglɑˈdɛʂ]

| Indonésia (f) | Indonesia | [indu'nesia] |
| Jordânia (f) | Jordan | ['jɔrdan] |

| Iraque (m) | Irak | ['irak] |
| Irão (m) | Iran | ['iran] |

| Camboja (f) | Kambodsja | [kam'bɔdṣa] |
| Kuwait (m) | Kuwait | ['kʉvajt] |

Laos (m)	Laos	['laɔs]
Myanmar (m), Birmânia (f)	Myanmar	['mjænma]
Nepal (m)	Nepal	['nepal]
Emirados Árabes Unidos	Forente Arabiske Emiratene	[fɔ'rente a'rabiske ɛmi'ratene]

| Síria (f) | Syria | ['syria] |
| Palestina (f) | Palestina | [pale'stina] |

| Coreia do Sul (f) | Sør-Korea | ['sør kʉˌrea] |
| Coreia do Norte (f) | Nord-Korea | ['nʉːr kʉ'rɛa] |

151. América do Norte

Estados Unidos da América	Amerikas Forente Stater	[a'merikas fɔ'rɛnte 'statər]
Canadá (m)	Canada	['kanada]
México (m)	Mexico	['mɛksikʉ]

152. América Central do Sul

Argentina (f)	Argentina	[argɛn'tina]
Brasil (m)	Brasilia	[bra'silia]
Colômbia (f)	Colombia	[kɔ'lʊmbia]

| Cuba (f) | Cuba | ['kʉba] |
| Chile (m) | Chile | ['tṣile] |

| Bolívia (f) | Bolivia | [bɔ'livia] |
| Venezuela (f) | Venezuela | [venesʉ'ɛla] |

| Paraguai (m) | Paraguay | [parag'waj] |
| Peru (m) | Peru | [pe'ruː] |

Suriname (m)	Surinam	['sʉriˌnam]
Uruguai (m)	Uruguay	[ʉrygʉ'aj]
Equador (m)	Ecuador	[ɛkʉa'dɔr]

| Bahamas (f pl) | Bahamas | [ba'hamas] |
| Haiti (m) | Haiti | [ha'iti] |

República (f) Dominicana	Dominikanske Republikken	[dʉmini'kanske repʉ'blikən]
Panamá (m)	Panama	['panama]
Jamaica (f)	Jamaica	[ṣa'majka]

153. Africa

Egito (m)	Egypt	[ɛ'gypt]
Marrocos	Marokko	[mɑ'rɔkʉ]
Tunísia (f)	Tunisia	['tʉ'nisiɑ]

Gana (f)	Ghana	['gɑnɑ]
Zanzibar (m)	Zanzibar	['sɑnsibɑr]
Quénia (f)	Kenya	['kenyɑ]
Líbia (f)	Libya	['libiɑ]
Madagáscar (m)	Madagaskar	[mɑdɑ'gɑskɑr]

Namíbia (f)	Namibia	[nɑ'mibiɑ]
Senegal (m)	Senegal	[sene'gɑl]
Tanzânia (f)	Tanzania	['tɑnsɑˌniɑ]
África do Sul (f)	Republikken Sør-Afrika	[repʉ'bliken 'sørˌɑfrikɑ]

154. Austrália. Oceania

Austrália (f)	Australia	[aʉ'strɑliɑ]
Nova Zelândia (f)	New Zealand	[njʉ'selɑn]

Tasmânia (f)	Tasmania	[tɑs'mɑniɑ]
Polinésia Francesa (f)	Fransk Polynesia	['frɑnsk pɔly'nesiɑ]

155. Cidades

Amesterdão	Amsterdam	['ɑmstɛrˌdɑm]
Ancara	Ankara	['ɑnkɑrɑ]
Atenas	Athen, Aten	[ɑ'ten]

Bagdade	Bagdad	['bɑgdɑd]
Banguecoque	Bangkok	['bɑnkɔk]
Barcelona	Barcelona	[bɑrsə'lunɑ]
Beirute	Beirut	['bæjˌrʉt]
Berlim	Berlin	[bɛr'lin]

Bombaim	Bombay	['bɔmbɛj]
Bona	Bonn	['bɔn]
Bordéus	Bordeaux	[bɔr'dɔ:]
Bratislava	Bratislava	[brɑti'slɑvɑ]
Bruxelas	Brussel	['brʉsɛl]
Bucareste	Bukarest	['bʉkɑ'rɛst]
Budapeste	Budapest	['bʉdɑpɛst]

Cairo	Kairo	['kɑjrʉ]
Calcutá	Calcutta	[kɑl'kʉtɑ]
Chicago	Chicago	[ṣi'kɑgʉ]
Cidade do México	Mexico City	['mɛksikʉ 'siti]
Copenhaga	København	['çøbənˌhɑvn]
Dar es Salaam	Dar-es-Salaam	['dɑresɑˌlɑm]

Deli	Delhi	['dɛli]
Dubai	Dubai	['dʉbɑj]
Dublin, Dublim	Dublin	['døblin]
Düsseldorf	Düsseldorf	['dʉsəlˌdɔrf]
Estocolmo	Stockholm	['stɔkhɔlm]

Florença	Firenze	[fi'rɛnsə]
Frankfurt	Frankfurt	['frɑnkfʉːt]
Genebra	Genève	[ʂe'nɛv]
Haia	Haag	['hɑg]
Hamburgo	Hamburg	['hɑmbʉrg]
Hanói	Hanoi	['hɑnɔj]
Havana	Havana	[hɑ'vɑnɑ]

Helsínquia	Helsinki	['hɛlsinki]
Hiroshima	Hiroshima	[hirʉ'ʂimɑ]
Hong Kong	Hongkong	['hɔnˌkɔŋ]
Istambul	Istanbul	['istɑnbʉl]
Jerusalém	Jerusalem	[je'rʉsɑlem]

Kiev	Kiev	['kiːef]
Kuala Lumpur	Kuala Lumpur	[kʉ'ɑlɑ 'lʉmpʉr]
Lisboa	Lisboa	['lisbʉɑ]
Londres	London	['lɔndɔn]
Los Angeles	Los Angeles	[ˌlɔs'ændʒələs]
Lion	Lyon	[li'ɔn]

Madrid	Madrid	[mɑ'drid]
Marselha	Marseille	[mɑr'sɛj]
Miami	Miami	[mɑ'jɑmi]
Montreal	Montreal	[mɔntri'ɔl]
Moscovo	Moskva	[mɔ'skvɑ]
Munique	München	['mʉnhən]

Nairóbi	Nairobi	[nɑj'rʉbi]
Nápoles	Napoli	['nɑpʉli]
Nice	Nice	['nis]
Nova York	New York	[njʉ 'jork]

Oslo	Oslo	['ɔʂlʉ]
Ottawa	Ottawa	['ɔtɑvɑ]
Paris	Paris	[pɑ'ris]
Pequim	Peking, Beijing	['pekiŋ], ['bɛjʒin]
Praga	Praha	['prɑhɑ]

Rio de Janeiro	Rio de Janeiro	['riu de ʂɑ'næjrʉ]
Roma	Roma	['rʉmɑ]
São Petersburgo	Sankt Petersburg	[ˌsɑnkt 'petɛʂˌbʉrg]
Seul	Seoul	[se'uːl]
Singapura	Singapore	['siŋɑ'pɔr]
Sydney	Sydney	['sidni]

Taipé	Taipei	['tɑjpæj]
Tóquio	Tokyo	['tɔkiʉ]
Toronto	Toronto	[tɔ'rɔntʉ]
Varsóvia	Warszawa	[vɑ'ʂɑvɑ]

Veneza	**Venezia**	[ve'netsia]
Viena	**Wien**	['vin]
Washington	**Washington**	['vɔṣiŋtən]
Xangai	**Shanghai**	['ṣaŋhaj]

www.ingramcontent.com/pod-product-compliance
Lightning Source LLC
Chambersburg PA
CBHW070555050426
42450CB00011B/2870